不正融資における
借手の
刑事責任

——事実的対向犯説の提唱——

関 哲夫

成文堂

はしがき

　本書は、私が、不正融資における借手の刑事責任、特に、（特別）背任罪の共同正犯の成否について、これまで執筆した論文を統合して再構成し、判例及び文献を加えて加筆したものである。

＊

　そもそもこのテーマに取り組むきっかけとなったのは、故佐々木史朗先生が長らく指導してくださった『特別刑法判例研究会』（代表：佐々木史朗先生）において、最決平成8・02・06（刑集50・2・129、判時1562・133、判タ905・134）について報告する機会を与えられ、その成果を、「特別刑法判例研究」（判例タイムズ連載）の1つとして発表する機会をいただいたことにある。佐々木史朗先生には、『判例体系・刑法』（第一法規）でも長らくご指導を賜った。

　このささやかな一書を完成することができたのも、佐々木史朗先生の学恩によるものである。正確な日は記憶の彼方であるが、先生は、「特別刑法判例研究会」の場で、裁判官としての自負をにじませながら、「君たちは実務のことをよく知らないから、そんな考え方をするんだ」という趣旨の発言をなさったことがある。それは、われわれ若き研究者の視野の狭さ、実務を考慮しない理論の危うさを叱責される意図であったと推察するが、私は、「実務のことを知れば、理論に厚みが増す」というご趣旨の叱咤激励と受けとめたものである。後に、遅まきながら、弁護士登録をして実務のことを勉強する機会を得ようとしたのも、佐々木先生のこのお言葉が契機となったのも事実である。

　本書で展開している「事実的対向犯」の構成に示唆を与えてくださったのは、故鈴木義男先生であり、そのご論文「非弁護士に法律事務の取扱を依頼する行為は弁護士法違反の罪の教唆となるか」（臼井滋夫ほか『刑法判例研究Ⅱ』〔1968年〕148〜158頁）である。鈴木義男先生には、『英米刑事法研究会』（代表：鈴木義男先生）を通じて、アメリカ刑事訴訟法の判例、特にアメリカ連邦最高裁判所判例について、長らくご指導を賜った。

ii　はしがき

　この一書を、謹んで、故佐々木史朗先生と故鈴木義男先生に捧げるものである。

＊

　不正融資において借手の刑事責任につき背任罪・特別背任罪の共同正犯が成立するかという問題について、私がこれまで執筆した論稿は、以下の4点である。

01）関　哲夫　「手形保証債務を負担させたことが刑法第247条にいう『財産上ノ損害』に当たるとされた事例」判例タイムズ927号（1997年）56頁以下（佐々木史朗編『特別刑法判例研究第1巻』〔1998年〕180頁以下に収録）

02）関　哲夫　「背任罪の共同正犯についての一考察」『佐々木史朗先生喜寿祝賀・刑事法の理論と実践』（2002年）347頁以下

03）関　哲夫　「不正融資における借手の刑事責任（背任罪・特別背任罪）に関する学説の検討」國士舘大学・國士舘法學38号（2006年）1頁以下

04）関　哲夫　「不正融資における借手の刑事責任について・再論——事実的対向犯説への批判に答える——」『立石二六先生古稀祝賀論文集』（2010年）655頁以下

　上記「01」論文は、私見の事実的対向犯の構成を初めて提示したものであり、いささか感慨深いものがあるが、今回、本書をまとめるにあたって、収録しなかった。この論文は判例評釈であり、「判例評釈は著書に収録しない」という私自身の方針を守ったからにすぎない。

＊

　上記「01」論文では、事実的対向犯の構成に関する理論的基礎を構成要件の理論による類型性欠如説に求めるとともに、片面的対向犯における一方関与者不処罰の根拠を定型性・通常性の欠如という形式的一元説に求めた。そのため、形式的・類型的な規準の曖昧さと弱さを抱え込むこととなった。この形式的一元説の曖昧さと弱さを克服するには、片面的対向犯における一方関与者不処罰の根拠を実質的規準に求めるべきであると考えるに至り、事実的対向犯の構成を維持しながらも、その不処罰の根拠を実質的に考察する方

はしがき　　iii

向を探究することにしたのである。

　本書は、上記「02」・「03」・「04」の各論文を統合して再構成し、その後の判例・学説を加え、加筆し、できるだけ最新の状況を反映するようにした。そのため、初出論文の原型をとどめないものとなっており、本書は、「新たに書き直したもの」と言った方が適当と思えるほどである。これも、本書の「生命力」を持続させたいからであるが、そうではあっても、それらの論文で提唱した事実的対向犯説の枠組みは変わっていない。

　本書の刊行については、國學院大學出版助成〔國出版助（乙）第11号〕を得た。赤井益久学長、門広乃里子法学部長はじめ、本書の出版にご協力・ご支援いただいた同大学の関係各位に感謝申し上げたい。

　また、本書の出版を快くお引き受けくださった成文堂・阿部成一社長、編集・装丁に心を配り、ご尽力くださった同・飯村晃弘氏に心より感謝申し上げる。

2018年　絹更月　　　横濱の寓居にて

関　　哲　夫

目　　次

はしがき

略　語

初出一覧と本書の構成との関係

序　章　課題設定 ……………………………………………… 1

第 1　序　文 ……………………………………………………… 1

　　1　本書の課題 …………………………………………………… 1

　　2　本書の視点 …………………………………………………… 3

　　3　本書の構成 …………………………………………………… 4

第 1 章　判例及び学説の検討 ………………………………… 7

第 2　判例の考察 ………………………………………………… 7

　　1　はじめに ……………………………………………………… 7

　　　⑴　課　題 ……………………………………………………… 7

　　　⑵　類　型 ……………………………………………………… 8

　　2　各類型 ………………………………………………………… 9

　　　⑴　非限定類型 ………………………………………………… 9

　　　⑵　実質支配類型 …………………………………………… 11

　　　⑶　積極的働きかけ類型 …………………………………… 22

　　　⑷　内部者類型 ……………………………………………… 26

　　　⑸　利害共通類型 …………………………………………… 28

　　　⑹　主観重視類型 …………………………………………… 30

　　3　考　察 ……………………………………………………… 37

　　　⑴　各類型の考察 …………………………………………… 37

　　　⑵　小　括 …………………………………………………… 51

vi　目　次

第3　学説の検討 ……………………………………………… 58

1　はじめに ………………………………………………… 58

 (1)　借手への配慮 …………………………………………… 58

 (2)　学説の分類 ……………………………………………… 60

2　学説の状況 ……………………………………………… 61

 (1)　非限定説 ………………………………………………… 61

 (2)　形式的否定説 …………………………………………… 62

 (3)　許された危険法理説 …………………………………… 68

 (4)　正犯性限定説 …………………………………………… 69

 (5)　故意限定説 ……………………………………………… 74

 (6)　自律性侵害説 …………………………………………… 76

 (7)　共同正犯要件説 ………………………………………… 77

 (8)　主観限定説 ……………………………………………… 79

3　検　討 …………………………………………………… 83

 (1)　各学説について ………………………………………… 83

 (2)　総論的・各論的アプローチについて ……………………… 93

第2章　私見の前提 …………………………………… 97

第4　基本的視点 ……………………………………………… 97

1　対向的利害関係 ………………………………………… 97

2　任務違背行為の性格 …………………………………… 97

第5　対向犯について …………………………………………… 100

1　意　義 …………………………………………………… 100

2　種　類 …………………………………………………… 100

 (1)　形式的対向犯・実質的対向犯 ………………………… 100

 (2)　法律的対向犯・事実的対向犯 ………………………… 101

 (3)　片面的対向犯・相面的対向犯 ………………………… 104

 (4)　形式的・実質的対向犯と法律的・事実的対向犯の関係 …………… 104

目　次　vii

　3　片面的対向犯の根拠 ……………………………………………… 105
　　(1)　はじめに ……………………………………………………… 105
　　(2)　学説の状況 …………………………………………………… 105
　　(3)　学説の検討 …………………………………………………… 110
　　(4)　本書の立場 …………………………………………………… 112

第3章　私見の内容 ……………………………………………… 115

第6　私見——事実的対向犯説の提唱—— ……………………… 115

　1　内　容 …………………………………………………………… 115
　　(1)　形式的対向犯から実質的対向犯へ ………………………… 115
　　(2)　法律的対向犯と事実的対向犯の併存 ……………………… 116
　　(3)　片面的対向犯の実質的根拠 ………………………………… 117
　2　私見の旧説 ……………………………………………………… 118
　　(1)　事実的対向犯の構造 ………………………………………… 118
　　(2)　片面的対向犯の根拠 ………………………………………… 119
　3　私見の根拠 ……………………………………………………… 120
　　(1)　利害の対立・対向 …………………………………………… 120
　　(2)　内部的信任関係 ……………………………………………… 121
　　(3)　実行行為への加功の困難性 ………………………………… 123
　　(4)　違法性の欠如 ………………………………………………… 125
　　(5)　期待可能性の低減 …………………………………………… 126
　4　小　括 …………………………………………………………… 127
　　(1)　事実的対向犯の構成 ………………………………………… 127
　　(2)　要　約 ………………………………………………………… 128

第7　私見への批判と反論 ………………………………………… 130

　1　はじめに ………………………………………………………… 130
　2　批判と反論 ……………………………………………………… 130
　　(1)　猥褻物有償頒布罪の場合と同視できない ………………… 130

viii 目　次

(2)　立法者意思に反する …………………………………………… 132

(3)　必要的共犯と解するのは無理である …………………………… 135

(4)　共犯理論の枠組みから排除される根拠が明確でない ………… 137

(5)　借手は任務違背行為を行うことができる ……………………… 142

(6)　両者が一体化して集団犯化することを無視している ………… 145

(7)　違法性・有責性の低減・欠如は根拠となりえない …………… 147

(8)　判断規準が十分に機能していない ……………………………… 150

(9)　共犯の成立は認められる ………………………………………… 151

3　小　括……………………………………………………………… 152

(1)　対向犯の有無 ……………………………………………………… 152

(2)　実質的対向犯の視座 ……………………………………………… 152

(3)　支配的見解への疑問 ……………………………………………… 153

終 章　要　約 …………………………………………………… 155

第8　結　語 ……………………………………………………… 155

1　前提認識 …………………………………………………………… 155

(1)　総論と各論の交錯 ………………………………………………… 155

(2)　前提思考 …………………………………………………………… 156

2　私見の要約 ………………………………………………………… 157

(1)　根　拠 ……………………………………………………………… 157

(2)　要　約 ……………………………………………………………… 159

3　残された課題 ……………………………………………………… 159

判例一覧 ……………………………………………………………… 161

評釈文献一覧 ………………………………………………………… 164

参考文献一覧 ………………………………………………………… 171

事項索引 ……………………………………………………………… 178

略　語

＊本書では、判例・判例掲載誌・雑誌については、慣例に従い、以下の略語を用いる。

◇判　例

大判	大審院判決
最大判	最高裁判所大法廷判決
最判	最高裁判所小法廷判決
最決	最高裁判所小法廷決定
○○高判	○○高等裁判所判決
○○地判	○○地方裁判所判決
○○簡判	○○簡易裁判所判決

◇判例掲載誌（公刊物優先）

刑録	大審院刑事判決録
刑集	大審院刑事判例集
刑集	最高裁判所刑事判例集
民集	最高裁判所民事判例集
裁判集刑事	最高裁判所裁判集　刑事
高刑集	高等裁判所刑事判例集
高裁刑事裁判特報	高等裁判所刑事裁判特報
高裁刑事判決特報	高等裁判所刑事判決特報
東京高裁刑事判決時報	東京高等裁判所刑事判決時報
高裁刑事裁判速報集	高等裁判所刑事裁判速報集
下刑集	下級裁判所刑事判例集
刑裁月報	刑事裁判月報

◇雑　誌

判時	判例時報
判タ	判例タイムズ
百選Ⅰ	山口厚＝佐伯仁志編『刑法判例百選Ⅰ総論』（第7版・2014年）
百選Ⅱ	山口厚＝佐伯仁志編『刑法判例百選Ⅱ各論』（第7版・2014年）

初出一覧と本書の構成との関係

序章　課題設定
　第1　序　文
　　＊下記論文の掲示頁における論述を統合して再構成し、加筆した。
　　　　◇関　哲夫　「背任罪の共同正犯についての一考察」(『佐々木史朗先生喜寿
　　　　　　　　　祝賀・刑事法の理論と実践』〔2002年〕)の「一　はじめに」349
　　　　　　　　　頁
　　　　◇関　哲夫　「不正融資における借手の刑事責任（背任罪・特別背任罪）に
　　　　　　　　　関する学説の検討」(國士舘大学・國士舘法學38号〔2006年〕)
　　　　　　　　　の「一　はじめに」1～4頁
　　　　◇関　哲夫　「不正融資における借手の刑事責任について・再論――事実
　　　　　　　　　的対向犯説への批判に答える――」(『立石二六先生古稀祝賀論
　　　　　　　　　文集』〔2010年〕)の「一　はじめに」655～656頁

第1章　判例及び学説の検討
　第2　判例の考察
　　＊下記論文の掲示頁における論述に新たな判例を加えて再構成し、加筆した。
　　　　◇関　哲夫　「背任罪の共同正犯についての一考察」(『佐々木史朗先生喜寿
　　　　　　　　　祝賀・刑事法の理論と実践』〔2002年〕)の「二　判例の状況」
　　　　　　　　　349～353頁
　第3　学説の検討
　　＊下記論文の掲示頁における論述を統合して再構成し、新たな学説を加え、加
　　　筆した。
　　　　◇関　哲夫　「背任罪の共同正犯についての一考察」(『佐々木史朗先生喜寿
　　　　　　　　　祝賀・刑事法の理論と実践』〔2002年〕)の「三　学説の状況」
　　　　　　　　　353～359頁
　　　　◇関　哲夫　「不正融資における借手の刑事責任（背任罪・特別背任罪）に
　　　　　　　　　関する学説の検討」(國士舘大学・國士舘法學38号〔2006年〕)
　　　　　　　　　の「二　学説の検討」4～28頁・「三　おわりに」28～31頁

第2章　私見の前提
　第4　基本的視点
　　＊書き下ろし

初出一覧と本書の構成との関係　xi

第5　対向犯について
　＊下記論文の掲示頁における論述を統合して再構成し、加筆した。
　　　◇関　哲夫　「背任罪の共同正犯についての一考察」（『佐々木史朗先生喜寿
　　　　　　　　　祝賀・刑事法の理論と実践』〔2002年〕）の「四　私見」の
　　　　　　　　　「（一）　対向犯的関与者の一方不処罰について」359～361頁
　　　◇関　哲夫　「不正融資における借手の刑事責任について・再論——事実
　　　　　　　　　的対向犯説への批判に答える——」（『立石二六先生古稀祝賀論
　　　　　　　　　文集』〔2010年〕）の「二　対向犯の種類」657～659頁／「三
　　　　　　　　　片面的対向犯における一方関与者不処罰の根拠」659～665
　　　　　　　　　頁

第3章　私見の内容
　第6　私見——事実的対向犯説の提唱——
　＊下記論文の掲示頁における論述を統合して再構成し、加筆した。
　　　◇関　哲夫　「背任罪の共同正犯についての一考察」（『佐々木史朗先生喜寿
　　　　　　　　　祝賀・刑事法の理論と実践』〔2002年〕）の「四　私見」359～
　　　　　　　　　365頁／「五　おわりに」365頁
　　　◇関　哲夫　「不正融資における借手の刑事責任について・再論——事実
　　　　　　　　　的対向犯説への批判に答える——」（『立石二六先生古稀祝賀論
　　　　　　　　　文集』〔2010年〕）の「四　事実的対向犯説の内容・根拠」665
　　　　　　　　　～670頁
　第7　私見への批判と反論
　＊下記論文における掲示頁における論述を加筆した。
　　　◇関　哲夫　「不正融資における借手の刑事責任について・再論——事実
　　　　　　　　　的対向犯説への批判に答える——」（『立石二六先生古稀祝賀論
　　　　　　　　　文集』〔2010年〕）の「五　事実的対向犯説への批判と反論」
　　　　　　　　　670～682頁

終章　要　約
　第8　結　語
　＊下記論文の掲示頁における論述を加筆した。
　　　◇関　哲夫　「不正融資における借手の刑事責任について・再論——事実
　　　　　　　　　的対向犯説への批判に答える——」（『立石二六先生古稀祝賀論
　　　　　　　　　文集』〔2010年〕）の「六　おわりに」682～683頁

序 章　課題設定

第1　序　文

1　本書の課題

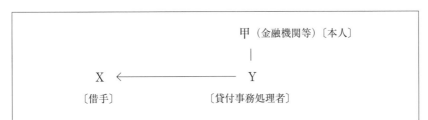

Y：(特別) 背任罪の正犯
X：金融機関の役職員等に働きかけて不正融資をさせた借手
　　⇒ (特別) 背任罪の (共謀) 共同正犯・共犯？

　金融機関の役職員等が、融資資金の回収が事実上不可能ないし困難と予想されるにもかかわらず、無担保もしくは充分な担保を徴求することなく（追加・継続）融資等を行う、いわゆる不正融資を行った場合、当該金融機関の貸付事務処理者である役職員等が（特別）背任罪[1]に問われるのは当然としても、当該融資の相手方である借手は、（特別）背任罪の共同正犯・共犯の罪責に問われるべきなのか。
　学説・判例においては、身分の概念、身分犯の理解、身分犯に対する共同

---

[1] 以下、本書では、刑法典における背任罪（刑法247条）を意味するときは「背任罪」の語を用い、会社法（会社法960条・961条）、保険業法（保険業法322条・323条）等における特別背任罪を意味するときは「特別背任罪」の語を用い、双方を含むときは「(特別) 背任罪」の語を用いることとする。

2　　序　章　課題設定

正犯・共犯の成否、及び刑法65条１項と同条２項の関係について理解の相違はあるけれども、行為者に一定の身分があることによって構成される構成身分犯において、非身分者が身分者の行為に加功した場合は、刑法65条１項により、非身分者にも身分者に成立する犯罪の共同正犯・共犯が成立し、その罪の刑で処断されると解されているし、また、構成身分と加減身分とが競合する身分犯において、非身分者が身分者の行為に加功した場合は、刑法65条１項・２項により、非身分者には、身分者に成立する重い犯罪の共同正犯・共犯が成立し、科刑は基本となる軽い通常の犯罪の刑で処断されるとする見解、あるいは、非身分者には、基本となる軽い犯罪の共同正犯・共犯が成立し、科刑もそれによりなされるとする見解が主張されている[2]。

　そして、不正融資の問題についても、非身分者である借手が身分者である金融機関の役職者等の背任行為に加功した以上、刑法65条１項により、非身分者に（特別）背任罪の共同正犯・共犯が成立するとする[3]。つまり、身分犯

2)　構成身分と加減身分とが競合する身分犯に関する前者の見解が罪名・科刑分離説であり、後者の見解が罪名・科刑一致説であり、現在は後者が有力となりつつあるが、いずれの見解も、非身分者にも身分者の共同正犯・共犯が成立するとしている。刑法65条１項・２項について、ⓐ構成身分犯・加減身分犯説を採るのは、西原春夫『刑法総論下巻』（改訂準備版・1993年）408頁、斎藤信治『刑法総論』（第６版・2008年）287頁、大谷實『刑法講義総論』（新版第４版・2012年）454頁、高橋則夫『刑法総論』（第３版・2016年）496頁、川端博『刑法総論講義』（第３版・2013年）612〜613頁、前田雅英『刑法総論講義』（第６版・2015年）337頁など、ⓑ違法身分・責任身分説を採るのは、平野龍一『刑法総論Ⅱ』（1975年）366頁、内藤謙『刑法講義総論(下)Ⅱ』（2002年）1403頁、堀内捷三『刑法総論』（第２版・2004年）279頁、浅田和茂『刑法総論』（補正版・2007年）449頁、林幹人『刑法総論』（第２版・2008年）430頁、井田良『講義刑法学・総論』（2008年）512頁、西田典之『刑法総論』（第２版・2010年）409頁、橋本正博『刑法総論』（2015年）286頁、山口厚『刑法総論』（第３版・2016年）347頁、曽根威彦『刑法原論』（2016年）616頁、松原芳博『刑法総論』（第２版・2017年）427頁など。なお、山中敬一『刑法総論』（第３版・2015年）1000頁参照。これに対し、ⓒ構成身分犯については、「共犯」（65条１項）に共同正犯は含まれないとする見解も主張されている。共犯成立・科刑説から大塚仁『刑法概説（総論）』（第４版・2008年）333頁、佐久間修『刑法総論』（2009年）415頁、構成身分犯・加減身分犯説から中山研一『刑法総論』（1982年）489頁、松宮孝明『刑法総論講義』（第５版・2017年）301頁など。他方、判例も、非身分者にも身分犯についての共同正犯が成立すると解している。収賄罪につき大判昭和７・05・11刑集11・614、旧強姦罪につき最決昭和40・03・30刑集19・２・125、（業務上）横領罪につき大判大正３・06・17刑録20・1218、大判大正４・03・02刑録21・194、大判大正５・11・10刑録22・1733、大判昭和15・03・01刑集19・63、最判昭和25・09・19刑集４・９・1664、判タ６・39、最判昭和32・11・19刑集11・12・3073、税逋脱罪につき最決平成９・07・09刑集51・６・453、判時1616・157、判タ951・148など。

3)　この場合、金融機関の役職者等に成立した特別背任罪につき、非身分者である借手の罪名・科刑について、㋐罪名・科刑分離説は、刑法65条１項により特別背任罪の共同正犯・共犯が成立し、科刑については、同条２項により、普通背任罪の刑で処断されるとするのに対し、㋑罪

第1 序文 3

に対する共同正犯・共犯に関する一般的な考え方をそのまま不正融資の事案に適用して、非身分者である借手につき（特別）背任罪の共同正犯・共犯の成立を認めるのが現在の支配的見解である。

　しかし、不正融資の事案に、身分犯に対する共同正犯・共犯に関する一般的な考え方をそのまま妥当させて（特別）背任罪の共同正犯・共犯の成立を広く認めるのは、融資の実態を軽視するものではないかという疑問がある。本書は、不正融資における借手に（特別）背任罪の共同正犯・共犯を肯定するのは妥当でないのではないかという問題意識から、必要的共犯における「事実的対向犯」の概念を援用して、この問題に一考察を加えようとするものである。

2　本書の視点

　筆者は、1997年（平成9年）に、1996年（平成8年）の最高裁決定[4]について評釈する機会を得たが、そこにおいて、甲会社代表取締役であった被告人Xが、乙銀行支店長Yと共謀の上、約束手形を振り出しても自らこれを決済する能力を欠く状態になっていたにもかかわらず、甲会社が振り出した約束手形に同銀行をして手形保証をさせた事案につき、被告人Xに背任罪の共同正犯の成立を認めた同決定を批判的に検討し、不正融資における借手の刑事責任を限定する理論構成として、必要的共犯における「事実上の対向犯」の構想を提唱した[5]。

　本書は、この試論ともいうべき「事実上の対向犯」の構想を「事実的対向犯説」と称し、この見解の妥当性を論証しようとするものである[6]。背任罪

　　名・科刑一致説は、同法65条1項・2項により普通背任罪の共同正犯が成立（身分者は普通背任罪の共同正犯を包含した特別背任罪が成立）し、科刑についても普通背任罪の刑で処断されるとする。この点、学説では、㋐罪名・科刑一致説が支配的となりつつあるが、判例では、特別背任罪に対する共同正犯について、なおも㋑罪名・科刑分離説が採られている。最近のものとして、最決平成17・10・07刑集59・8・1108、判時1914・157、判タ1197・148、最決平成20・05・19刑集62・6・1623、判時2047・159、判タ1301・126参照。しかし、㋑罪名・科刑分離説は妥当でない。

4）最決平成8・02・06刑集50・2・129、判時1562・133、判タ905・134参照。

5）関哲夫／佐々木史朗編『特別刑法判例研究第1巻』〔1998年〕180頁以下（初出は、関哲夫・判タ927号〔1997年〕56頁以下）。

6）この構想を「事実上の対向犯説」、「事実的対向犯説」、あるいは「事実対向犯説」などと称してきたが、本書では、「事実的対向犯説」と称することにする。

の処罰対象は任務違背行為そのものであること、任務違背行為はもっぱら金融機関の貸付事務処理者によって行われ、借手は実行行為に直接加功できないこと、借手と金融機関・事務処理者との利害は対立・対向しており、対向的な取引関係にある者相互間の対向的信任関係は背任罪の基礎となりえないこと、そして、借手の行為は違法性が低減しており、また期待可能性も低いことなどを考慮すると、借手に本罪の共同正犯・共犯を認めることは妥当でないことを明らかにして、事実的対向犯説の妥当性を論証しようとするものである。

この点、学説においても、後に考察するように[7]、不正融資において、貸手側の金融機関の役職者・事務処理者等が(特別)背任罪の正犯に問われるのは問題ないとしても、当該融資先である借手が安易に(特別)背任罪の共同正犯・共犯の罪責を問われるのは妥当でなく、何らかの限定が必要である、という認識が共有されつつある。

3　本書の構成

以下、本書では、まず、「第2　判例の考察」において、不正融資における借手の刑事責任、特に、(特別)背任罪の共同正犯の成否について判断した判例を、下級審の裁判例も含めて「判例」とし、紹介していく。その際、本罪の肯否についての結論ではなく、借手の刑事責任を導く際に用いられている規準、及び、考慮した事情などに着目して判例を類型化し、考察していく。

次に、「第3　学説の検討」において、不正融資における借手の刑事責任に関する学説について、その理論構成は総論的アプローチを採っているのか、各論的アプローチを採っているのかを分類の入口にし、かつ、客観面と主観面のいずれを重視しているのかを軸に学説を分類したうえで、各学説の「内容」及び「特徴」を考察し、その後に、学説を検討していく。

そして、私見の事実的対向犯の構成を展開する前に、私見の前提となる視点を「第4　基本的視点」としてあらかじめ提示したうえで、「第5　対向

---

7)　本書61頁以下参照。

犯について」において、私見の基本的枠組みとなる必要的共犯における対向犯の意義・種類を確認し、片面的対向犯における一方関与者不処罰の根拠に関する学説を考察した後に、この点に関する本書の立場を明らかにする。

それを前提にして、「第6　私見——事実的対向犯説の提唱——」において、不正融資における借手につき（特別）背任罪の共同正犯（・共犯）が成立するかの問題について、事実的対向犯の構成を採用すべきであり、借手と貸手（貸付事務処理者・金融機関）との利害が対立・対向する関係にあるがゆえに、借手につき（特別）背任罪の共同正犯（・共犯）の責任を問うことは妥当ではないことを論述し、事実的対向犯説の妥当性を論証したい。

さらに、「第7　私見への批判と反論」においては、私見の事実的対向犯説に加えられた批判、指摘された問題点を紹介し、それに対する反論を述べたい。

最後に、「第8　結語」をもって、本書を閉じたい。

なお、用語の点も付言しておくと、本書では、「共犯」の語は狭義の共犯（教唆犯・従犯）を指し、共同正犯を含めた広義の共犯を意味したいときは、「共同正犯・共犯」の語を用いることにする。

第1章 判例及び学説の検討

第2 判例の考察

1 はじめに

(1) 課 題

　本項では、不正融資における借手の刑事責任、特に（特別）背任罪の共同正犯の成否が争点となった判例を考察する[1]。但し、不正融資の事案ではないが、関連する判例も若干考察する。

　なお、本書では、「判例」の語は、大審院判決や最高裁判所判決・決定だけでなく、下級審の裁判例を含めて用いていることをあらかじめお断りしておく。

　判例については、不正融資において借手に（特別）背任罪の共同正犯の成立を肯定したか否かという結論ではなく、本罪の共同正犯の成否を判断するにあたって、当該判例がどのような考え方を採り、どのような規準を用いたのか、また、どのような事情を考慮したのかを軸に分類した[2]。但し、周知のように、判例は、当該事案の個別事情、特殊事情を前提にして事案を処理するという事例判断の性格を有し、また、争点に関する当事者の主張に即して判示する性格を有している。したがって、各類型は互いに排斥し合う関係にあるわけではない。なお、各類型において、判例を古い順に考察していく

---

1) 以下、判決原文のカタカナ書き、旧漢字、句読点・濁点なしは、ひらがな書き、新漢字に直し、句読点・濁点を適宜補って引用する。
2) この分類については、JHL-高峰リゾート開発事件・東京地判平成12・05・12判タ1064・254の調査官解説、伊東研祐「特別背任罪における正犯性──非身分者による共犯の成否──」『板倉宏博士古稀祝賀論文・現代社会型犯罪の諸問題』（2004年）278頁、西田典之・金融法務事情1847号（2008年）17頁、品田智史／松原芳博編『刑法の判例 各論』（2011年）184頁以下を参考にした。

8　第1章　判例及び学説の検討

ことにする。

⑵　類　型

　不正融資において借手に（特別）背任罪の共同正犯が成立するかを判断した判例は、以下のように類型化することができよう。

```
＜判例の類型＞　　①　非限定類型
　　　　　　　　　②　実質支配類型
　　　　　　　　　③　積極的働きかけ類型
　　　　　　　　　④　内部者類型
　　　　　　　　　⑤　利害共通類型
　　　　　　　　　⑥　主観重視類型
```

　①　**非限定類型**　　不正融資において、借手は融資側（貸付事務処理者・金融機関）とは異なる対向的な利害関係を有する立場にあることなどをまったく考慮することなく、通常の共同正犯の場合と同じ様に、借手につき（特別）背任罪の共同正犯の成否を判断する判例があり、これを「非限定類型」と称しておく。

　②　**実質支配類型**　　借手が融資側の役職員などの貸付事務処理者に対して、弱みにつけ込むなどの威迫的手段やリベートの提供など、硬軟両様の方法を用い、融資側を実質的に支配下に置いていた事情を考慮する判例があり、これを「実質支配類型」と称しておく。

　③　**積極的働きかけ類型**　　不正融資において、借手が、融資側の役職員などの貸付事務処理者に積極的に働きかけて任務違背行為を行わせ、またそれを強いたとする判例があり、これを「積極的働きかけ類型」と称しておく。

　この類型をさらに分けると、まず、㋐借手が融資側の貸付事務処理者に対し、犯行計画や手口などを具体的に指示したという事情を重視する判例があり、これを「具体的指示型」と称しておく。また、㋑借手が融資側の貸付事務者と一緒になって不正融資を隠蔽する工作などをした事情を重視する判例があり、これを「隠蔽工作型」と称しておく。さらに、㋒借手が融資側の貸付事務者に対し、リベートの提供、将来の有利な地位の約束などを申し出て、任務違背行為の実行を指嗾・慫慂した事情を重視する判例があり、これを「リベート指嗾型」と称しておく。そして、㋓上記㋐から㋒のような特別

な個別事情を考慮せず、全体を総合的に認定して積極的な働きかけをしたとする判例があり、これを「総合積極的働きかけ型」と称しておく。

④　**内部者類型**　　不正融資において、借手は、融資側の貸付事務処理者に当たるわけではないが、融資側金融機関の役職員・従業員などの内部者であったので、金融機関の内規、事務処理者の任務内容などの内部事情を熟知し、それに精通していたという事情を重視する判例があり、これを「内部者類型」と称しておく。

⑤　**利害共通類型**　　不正融資において、被融資側の借手と融資側の貸付事務処理者との間で、融資について互いに依存する関係にあり、(継続) 融資をすることに利害の共通化が見られ、そうした関係を利用して不正融資がなされたという事情を重視する判例があり、これを「利害共通類型」と称しておく。

⑥　**主観重視類型**　　不正融資において、借手が融資側の貸付事務処理者の任務違背行為の背任性、図利加害目的、融資の加害性を確定的に認識していたなどの主観事情を重視する判例があり、これを「主観重視類型」と称しておく。

2　各類型

(1)　**非限定類型**

戦前は、不正融資における借手が融資側 (貸付事務処理者・金融機関) とは異なる対向的な利害を有する特殊な関係にあることを全く考慮せず、借手に対して (特別) 背任罪の共同正犯を認める大審院の判例が多く見られた。

◆大判昭和13・04・08法律新聞4282・16、法律学説判例評論全集27・刑法98
本件は、建築請負業を営む被告人Ｘが、愛媛県のＭ村から小学校建築工事を請け負うにあたり、またその後の請負工事をなすに際し、同村村長で第一審相被告人Ｙ及びその代理の職にあるＺと共謀のうえ、Ｘの利益を図る目的で、村長の任務に背いて、一時納入しておいた契約保証金を返還させて借用証書を差し入れ、Ｍ村内規に違反して工事代金の前渡しをし、校舎建築材料につき契約内容に反して安価な物を使うようにするなどの行為をして、Ｍ村に財産上の損害を加えたとされ、背任罪の共同正犯に問われた事

案であり、本判決は、次のように判示した。

　「右村長Ｙ又は其の代理Ｚの職に在りたる者の所為が背任罪を構成するは勿論、被告人Ｘも亦之に共謀加担したるものとして背任罪の共同正犯を以て論ずべく、其の所為に対し刑法第65条第1項、第60条、第247条を適用処断すべきものとす。蓋し背任罪の主体は本来他人の為其の事務を処理する者たることを要し、同罪は所謂犯人の身分に因り構成すべき犯罪なりと雖、其の身分なき者が之と共謀加担したる事実ある以上、其の者も亦背任罪の共同正犯の責に任ずべきものなること、刑法第65条第1項の規定に照し明白なるを以てなり。」

◆大判昭和14・12・22法律学説判例評論全集29・刑法30

　本件は、金融機関のＡ組合において、借受人Ｘより寄託を受けた同人所有の米・麦を担保として同人に資金を貸し付けたが、同組合理事Ｙは、該貸金の返済前に担保を解除してはならない任務を負っていたにもかかわらず、Ｘの利益を図り、前後数回にわたって、Ｘの依頼に応じ、該貸金の返済前にこれをＸに返還して任務に背く処理をして、同組合に右貸金債権の担保権の喪失により財産上の損害を加えたとされた事案であり、本判決は、次のように判示した。

　「仰々背任罪は他人の為め其の事務を処理する者、自己若くは第三者の利益を図り又は本人に損害を加ふる目的を以て其の任務に背きたる行為を為し、本人に財産上の損害を加ふるに因りて成立する犯罪なれば、斯かる身分なき者は単独にて之を行ひ得ざること勿論なりと雖、身分ある者の行為に加功するに因りて其の罪責を連帯負担するに至ることは、刑法第65条第1項の明言する所なり。而して苟も通謀又は共謀の事実共する以上、所謂実行行為を分担せざるも共同正犯の成立ありと為すは夙に本院判例の是認する所とす。然らば原審相被告人Ｙが、被告人Ｘと共謀の上、自己が判示組合の理事たるに拘らず、被告人Ｘの利益を図るの目的を以て其の任務に背くの行為を為し、本人たる組合に財産上の損害を加へたること判示の如くなる以上、被告人Ｘに於ても其の罪責に連座するは当然の事理と謂ふべく、原判決が被告人Ｘを背任罪の共犯に問擬したるは寔に正当」。

(2) 実質支配類型

◆第一勧業銀行不正融資事件・東京高判平成 2 ・03・22経済取引関係裁判例集（刑事裁判資料261）411

本件は、事業上億単位の負債を抱えた A 社の役職員であった被告人 X が、大がかりな地上げを含む多数の不動産取引を手がけ、これに狂奔したあげく、さらに多額の借入金の返済や売買代金などの調達に窮したため、部下 S・T の 2 人をも動員し、硬・軟両様の手段を用いて B 銀行麹町支店の業務課長 Y に取り付き、抱き込んだうえに、僅か 2 か月余の間に、複数回にわたり、当座預金残高の不足及びその資金手当の見込みを無視して振り出した総額34億9500万円に達する小切手・約束手形合計16通を決済に回し、これを受けた同支店業務課長 Y の任務違背行為により不正な資金調達の目的を遂げ、B 銀行に同額の損害を加えたとして、背任罪の共同正犯に問われた事案である。

本判決は、第一審の有罪判決[3]を承けて、次のように判示した。

「A 社は、都内に転入してから日も浅く、格別の資産や営業実績もなかったうえ、取り扱っていた地上げ等の事業は、その大半が場当たり的で、成功の見通しの乏しい杜撰なものであり、銀行との取引にあたり、その裏付けとなるべき信用、担保等は皆無に等しい状況で、被告人らはこのような実情を熟知していたといえること、一流都市銀行である B 銀行が、過去に何らの取引実績もないこのような A 社に対して、確たる担保の提供もなく、返済期限及び方法、利率その他具体的な取引内容を定めた所定の関係書類を取り交わすこともないまま、1 箇月余の短期間に多数回にわたり、合計35億円近くもの巨額の融資にたやすく応ずるはずのないことは、見易い道理であり、かねて事業運営の経験を持つ被告人らにおいてもこれを知らなかったはずがないこと、被告人らは、Y に対して、自己らの要求に応じなければ、同人の前記650万円の過振りや、これに引き続くその他の失態を上司に暴露するかのように、同和関係者であることの勢威をも利用して脅したりする一方、地上げが成功す

---

3) 第一勧業銀行不正融資事件・東京地判平成元・06・05経済取引関係裁判例集（刑事裁判資料261）392。

れば相当の謝礼をする旨申し向けたり、多額の物品や高額の残高のある
預金通帳を贈って同人の懐柔を図るなど、硬軟両様の策を執拗に弄し、
また、本件の発覚を察知するや、Ａ社の女子事務員らに証拠資料の廃
棄をさせるなどしているが、被告人らがこのような行動に出たのは、と
りもなおさず、Ｙに行わせていた本件各行為がその任務に背いた違法な
ものであることを知っていたからにほかならないことなどの諸点にかん
がみると、被告人らは、Ｙが麹町支店の業務課長としての任務に背き、
不正に出金（立替支払又は振替送金）して本件各約束手形及び小切手の決
済をしていること、その結果Ｂ銀行が右出金と同額の損害を負うに至
ることを十分に認識していたことは、いずれも明らかというべきであ
る。」また、「Ａ社における業務運営に当たっては、代表取締役である
Ｘを中心に、Ｓ及びＴの３名が、事前事後に、互いに直接或いは電話
等で緊密な連絡を取りながら、具体的な取引や交渉を行っていたもので
あること、正規の方法では、第一勧銀が多額の融資に応ずるはずもない
ことを知っていた被告人らは、Ｙが650万円の過振りを始めとして度重
ねて任務違背をしていた弱みに付け込み、前記のような硬軟両様の策を
執拗に弄しながら、約１箇月余の間に多数回にわたり、ＹをしてＡ社
に対する巨額の出金要求に応じさせているが、Ｙとの交渉の大半は、Ｓ
及びＴがＸの指示の下にこれを行い、その交渉の経緯や結果を逐一Ｘ
に報告していることのほか、Ｓ及びＴは、Ｘから毎月の給料約100万円
に加えて、本件当時、それぞれ500万円ずつ２階にわたり報酬を受け
取っていることなどからすれば」、被告人らが、「背任の図利目的と故意
の下に、Ｙと意思を通じ、同人を利用して本件各行為を行っていたこと
は、優にこれを認めることができる。」

◆イトマン・マスコミ対策関連融資特別背任事件・大阪地判平成６・01・
28判タ841・283

　本件は、不動産の管理・売買・仲介、コンサルタント業務等を営む株式会
社Ａの代表取締役である被告人Ｘが、総合商社Ｂ社に対して、合理的な理
由もないのに執拗に融資を迫り続けていたところ、同社代表取締役社長Ｙ
及同社常務取締役・企画管理本部長Ｚがマスコミによる批判にさらされる

や、マスコミ対策等に関して協力する見返りとして、自己の経営するA社への多額の融資を更に強く迫った結果、Y及びZをして、その各任務違背及びB社の多額の財産上の損害を伴う本件融資を実行させた事案であり、本判決は、次のように判示した。

「Y及びZは、被告人Xの利益を図り、B社に損害を加える目的をもって、それぞれその任務に背き、本件融資を決定し実行したのであり、しかも、その結果、B社に多大の財産上の損害を与えたものと認められるから、右両名について、特別背任罪が成立するものと認めるのが相当である」ところ、「被告人は、イトマンに対して、合理的な理由もないのに執ように融資を迫り続けていたところ、A及びBがマスコミによる批判にさらされるや、マスコミ対策等に関して協力する姿勢を示しながら、融資を更に強く要求した結果、A及びBをして、その各任務違背及びイトマンの多額の財産上の損害を伴う本件融資を実行させたのであるから、本件融資は、被告人による積極的な働き掛け、すなわち、積極的加功により実現したものと認めるのが相当である。」すなわち、「本件融資の決定及び実行について、被告人Xは、Y及びZの各任務違背及び図利加害目的並びにB社の財産上の損害を伴うことを十分認識しながら、自らの利益を図る目的で、Y及びZに対し、積極的な働き掛けを行った結果、Y及びZに、特別背任に当たる本件融資を実行させた」のであり、取締役Y及びZの特別背任行為の共謀共同正犯として、刑法65条1項、60条、商法486条1項に該当するが、「被告人Xには会社取締役等の身分がないので刑法65条2項により」、「刑法247条の刑を科することになる」。

◆**三越事件・最決平成9・10・28**裁判集刑272・93、判時1617・145、判タ952・203

本件は、株式会社B百貨店の代表取締役Yが、商品の仕入れにあたり、仕入原価をできる限り廉価にするなど仕入れに伴う無用な支出を避けるべき任務に背いて、その愛人で、A1社の代表取締役かつA2社の実質的経営者であった被告人Xと共謀のうえ、A1社が海外で買い付け、A2社を介して輸入した商品について、更にA1社を経由して仕入れる合理的理由がないのに、

14　第1章　判例及び学説の検討

これを殊更に A2社から A1社に転売させたうえで同社から B 百貨店が仕入れることにより、A1社の利益を図る目的をもって、同社を A2社と B 百貨店との間に介在させて差益を取得させ、それと同額の損害を B 百貨店に与えたとされた事案である。

第一審判決[4]は、「本件においては、被告人 X は、被告人 Y の三越社長としての社内における絶大な権力に便乗し、同被告人の自己に対する愛情に甘えるあまり、X 絡み輸入方式が三越にとって無用の出費を伴うもので被告人 Y にとって社長としての任務に違反するものであることを知りながら、同被告人 Y に積極的に働きかけて共謀を遂げ、右方式を維持・拡大させ、自らも被告人 Y の権力を背景に社員らに対し、社長の指示ないし意向であるとして右方式による買付を余儀なくさせ、被告人 Y の任務違背行為に積極的に加功しているのであり、右のような事情の認められる本件においては、被告人 X は、背任罪の身分を有しないけれども、身分者たる被告人 Y の任務違背の行為につき共同正犯としての責任を免れないものというべきである」として、非身分者である被告人 X に特別背任罪の共同正犯を認めた。

また、控訴審判決[5]は、「B 百貨店の代表取締役である Y と納入業者の X とが共謀のうえ、Y においてその任務に背き X の利益を図る目的で、東南アジア地域から商品を買いつけるに当たり、香港在住の納入業者らをして、X に支払う裏コミッションを仕入れ価格に上乗せして請求させてこれを支払い、B 百貨店に対し約2億700万円の損害を与えた」として起訴された香港コミッション方式に関する特別背任事件の部分については、右「裏コミッションを取得させたこと」が Y の B 百貨店にとって「『無用の支出』に当たることについては、合理的な疑いを容れる余地があるというべき」であり、「右誤認が判決に影響を及ぼすことは明らかであるから、この点において破棄を免れない。」として、第一審判決を破棄した。第一審判決と控訴審判決の結論の相違は、本罪の成立範囲に関する事実認定の相違に起因するもので、非身分者である被告人 X に特別背任罪の共同正犯が成立しうるとする構造は、第一審判決も控訴審判決も同じである。

4）三越事件・東京地判昭和62・06・29判時1263・56。

5）三越事件・東京高判平成5・11・29高刑集47・2・55、判タ851・122。

この点につき、本決定は、次のように職権判断をして、控訴審判決を維持した。

「原判決の認定によれば、株式会社 B 百貨店の代表取締役 Y と、その愛人であり、株式会社 A1社の代表取締役であるとともに、A2社の実質的経営者であった被告人 X は、共謀の上、B 百貨店が海外で買い付け、A2社を介して輸入した商品について、更に A1社を経由して仕入れる合理的理由がないのに、これを殊更に A2社から A1社に転売させた上で同社から B 百貨店が仕入れることにより、A1社に差益を取得させたというのである。Y は、百貨店の代表取締役として、商品の仕入れに当たり、仕入原価をできる限り廉価にするなど仕入れに伴う無用な支出を避けるべき任務を負っていたものと解されるところ、前記事実によれば、A1の利益を図る目的をもって、右任務に背いて同社を A2社と B 百貨店との間に介在させて差益を取得させ、それと同額の損害を B 百貨店に与えたことが明らかであるから、Y には商法上の特別背任罪（商法486条〔2005年・平成17年法律87号改正前〕。現行会社法960条——括弧内引用者）が成立し、Y と共謀してその犯罪行為に加功した被告人 X は同罪の共同正犯としての刑責を免れない。」

◆ JHL 不正融資 - 高峰リゾート開発事件・東京地判平成12・05・12判タ1064・254

本件は、JHL（住宅金融専門会社）がゴルフ場開発会社に対して行った総額約19億円の融資及び連帯保証（以下、融資等）が特別背任罪に当たるとして、JHL 役職員ら、ゴルフ場開発会社代表取締役 X らが起訴された事案のうち、融資等を受けた借手であるゴルフ場開発会社の代表取締役 X ら 2 名についての事案である。事案は、当時、本件ゴルフ場開発事業の先行きはきわめて不透明で、融資等を行ってもその返済を期待できない状況に陥っていた中で、本件融資等は、JHL の役職員 Y らによるゴルフ場開発会社 A 社に対するこれまでの杜撰な融資等の実態を糊塗し、ゴルフ場開発事業に一応の成果があったという外観を作ろうとする自己保身の目的でなされた背任行為であり、融資等を受けた借手側のゴルフ場開発会社 A 社の代表取締役 X らは、融資等を受けることが JHL の役職員 Y らの任務違背に当たることを明確に

16　第1章　判例及び学説の検討

認識し、JHL に財産上の損害を与えることを明確に認識しながら、ゴルフ
場開発や自分の利益を図る目的から、自己保身のためには融資等を継続せざ
るをえないという JHL 役職員 Y らの弱みに付け込んで融資等を求め、同人
らと意思連絡を遂げて本件融資等を実行させたものであり、JHL 役職員 Y
らの特別背任の行為を積極的に利用して自分らの利益を実現したものといえ
るとして、特別背任罪の共謀共同正犯で起訴されたものである。

　本判決は、次のように判示した。

　　「金融機関から融資等を受ける借り手は、貸し手である金融機関の利益
　を確保すべき任務を負っているわけではないから、右のような認識ない
　し目的の下に融資等を申し込んだからといって、それだけで金融機関に
　対する特別背任罪の共謀が成立するものではなく、本件のような事例に
　おいて身分のない借り手につき金融機関に対する特別背任罪の共謀共同
　正犯が成立するためには、前記1ないし4でみたような主観的要素[6]に
　加え、身分者である金融機関職員による任務違背行為（背任行為）に共
　同加功したこと、すなわち、その職員の任務に違背することを明確に認
　識しながら同人との間に背任行為について意思の連絡を遂げ、あるいは
　その職員に影響力を行使し得るような関係を利用したり、社会通念上許
　容されないような方法を用いるなどして積極的に働き掛けて背任行為を
　強いるなど、当該職員の背任行為を殊更に利用して借り手側の犯罪とし
　ても実行させたと認められるような加功をしたことを要するものと解さ
　れる」ところ、「被告人両名において、本件融資等の実行が C らの任務
　に違背するものであることをそれなりに認識していたとは認められるも
　のの、被告人両名が本件融資等により JHL に損害を与えることを確定
　的に認識していたとまで認定することにはなお合理的な疑いが残るとい
　うべきである」から、「被告人両名において、本件融資等が C らの背任
　行為に当たることを明確に認識しながら C らとの間に本件融資等の実

6）本判決のいう「前記1ないし4でみたような主観的要素」とは、「被告人両名が本件融資等に
　より JHL に損害を与える」という「本件融資等の加害性について確定的に認識している」こ
　と、「本件融資等の実行が C らの任務に違背するものであること」という「本件融資等の任務
　違背性について認識している」こと、「C らの図利加害目的について認識している」こと、そ
　して、「被告人両名が図利加害目的を有している」ことという要素である。

行について意思の連絡を遂げたと認定することは困難であり」、また、「被告人両名による本件融資等の申込みについては、Cらの弱みに付け込んだような状況が全くうかがわれないほか、それ自体、融資等を申し込む行動として社会通念上許容される範囲の比較的穏当なものであったということができるから、これをとらえて、被告人両名による共同加功を認めることは困難である。そして、本件全証拠を子細に検討しても、他に、被告人両名において殊更にYらの背任行為を利用して被告人両名自身の犯罪としても実行させるべく働き掛けたような状況は認められないから、被告人両名においてYらの本件背任行為に共同加功したと認定するに足りる的確な証拠は存在しないというべきである。」

◆ JHL 特別背任事件・東京地判平成13・10・22判時1770・3

本件は、融資側の JHL 株式会社代表取締役社長、同常務取締役、同ローン開発部長の3名の特別背任罪の罪責が問われたものであるが、被融資側の罪責について、本判決が次のような一般論を展開しているのが注目される。

「金融機関から融資を受ける借り手は、貸し手である金融機関の利益を確保すべき任務を負っているわけではないから、金融機関への加害性及び金融機関の役職員としての任務違背性を認識しつつ、自己の利益を図る目的をもって融資を申し込んだからといって、それだけで金融機関に対する特別背任罪の共謀が成立するものではなく、本件のような事例において身分のない借り手につき金融機関に対する特別背任罪の共謀共同正犯が成立するためには、そのような主観的要素に加え、身分者である金融機関職員による任務違背行為（背任行為）に共同加功したこと、すなわち、その職員の任務に違背することを明確に認識しながら同人との間に背任行為について意思の連絡を遂げ、あるいはその職員に影響力を行使し得るような関係を利用したり、社会通念上許容されないような方法を用いるなどして積極的に働きかけて背任行為を強いるなど、当該職員の背任行為を殊更に利用して借り手側の犯罪としても実行させたと認められるような加功をしたことを要するものと解するのが相当である。」

◆ JHL 不正融資 - オクト社事件・最決平成15・02・18刑集57・2・161、判時1819・155、判タ1118・100

18　第1章　判例及び学説の検討

　本件は、後の「(5)　利害共通類型」で紹介する JHL 不正融資 - オクト社
事件・東京地裁平成11年判決[7]の上告審であり、事案は次のとおりである。

　不動産会社 B 社は、バブル経済期に不動産の取得費用等として多額の借
入れをしていたが、バブル経済の崩壊により売上げが激減し、資金繰りが悪
化し、金利負担も増大して、JHL（住宅金融専門会社）A 社から借り入れた運
転資金が担保割れを起こした。しかし、B 社の代表取締役社長である被告人
Y は、同社に返済能力がなく、B 社以外の金融機関からの融資が受けられな
い状態であるにもかかわらず、本件融資が実質無担保の高額な継続的融資で
あり、迂回融資の方法が採られるなど明らかに不自然な形態の融資であるこ
とを認識し、証券会社の審査部長等を務めた経験等に照らしても、本件融資
が X らの A 社に対する任務に違背して行われたものであること、本件融資
が A 社に財産上の損害を与えるものであることを十分認識していたが、被
告人 Y は、抜本的な経営改善策を講じないまま、A 社に対し繰り返し運転
資金の借入れを申し入れて、X ら融資担当者をして任務に違背するよう仕向
け、巨額の融資を実現させた。その際、被告人 Y は、B 社が A 社に資金面
で深く依存し、財務的に破綻状況にあったにもかかわらず、A 社からの継
続的な運転資金の借入れにより倒産を免れているという状態にあったため、
X ら融資担当者が B 社に対する過剰融資、貸付金の回収不能から生ずる自
らの責任を回避し、保身を図る目的で本件融資に応じざるを得ないことを
知っていたという事案である。

　本決定は、職権により、次のように判示した。

　　「以上の事実関係によれば、被告人 X は、Y ら融資担当者がその任務に
　　違背するに当たり、支配的な影響力を行使することもなく、また、社会
　　通念上許されないような方法を用いるなどして積極的に働き掛けること
　　もなかったものの、Y らの任務違背、B 社の財産上の損害について高度
　　の認識を有していたことに加え、Y らが自己及び A 社の利益を図る目
　　的を有していることを認識し、本件融資に応じざるを得ない状況にある

---

7) 不正融資 - オクト社事件・東京地判平成11・05・28刑集57・2・210、判タ1031・253。本書28
　頁以下参照。

ことを利用しつつ、B社が迂回融資の手順を採ることに協力するなどして、本件融資の実現に加担しているのであって、Yらの特別背任行為について共同加功をしたとの評価を免れないというべきである。」

◆**北國銀行事件・最判平成16・09・10刑集58・6・524、判時1875・148、判タ1167・106**

　B信用保証協会が保証したD社のA銀行に対する8,000万円の保証債務の主債務者が倒産し、その代位弁済が問題となっていたところ、B信用保証協会は、A銀行に対して、登記漏れ等の保証条件違反を理由に免責を主張し、免責通知書を交付するなどしていたところ、B信用保証協会のため職務を誠実に遂行すべき任務を有していた同協会の専務理事Yら同協会役職員らが、A銀行代表取締役頭取であった被告人Xに面会し、同協会の基本財産の増強計画に基づき、A銀行において4,300万円余の負担金を拠出するように依頼してきた際に、Xは、B信用保証協会のそうした方針を見直して代位弁済に応ずるよう要請した結果、同役職員らが同協会の従前の方針を変更し、同協会が代位弁済に応ずるに至ったという事実経過をたどった。

　そこで、検察官は、本件では免責事由が存在し保証債務が消滅していたのであるから、B信用保証協会の代位弁済には正当な理由がなく、代位弁済はA銀行の利益を図る目的をもって、同協会役職員の任務に背く背任行為に当たり、その結果として、同協会に8,000万円の損害を発生させたとし、また、被告人Xは、上記のような要請行為とその後のB信用保証協会役職員らの合意によって、協会役職員らと順次共謀を遂げたものであるとして、被告人Xを背任罪のいわゆる外部共同正犯として起訴したものである。

　本判決は、次のように判示して、原判決を破棄し、差し戻した。

　　①原判決は、「被告人Xが、平成8年度の協会に対する負担金の拠出に応じないことを利用して、代位弁済を強く求めたとする」が、当時の状況の下において、「原審の認定のように、被告人Xが協会に対する負担金の拠出に応じないことを利用して代位弁済を強く求めることができたかどうか、については疑問がある」こと、②協会としては、「（ア）本件代位弁済に応ずることにより、A銀行の負担金の拠出を受け、今後の基本財産増強計画を円滑に進める」べき立場を採ったとしても、「負担

金の拠出を受けることと切り離し、本件代位弁済をすることが、直ちに協会役員らの任務に背く行為に当たると速断することは、できない」こと、③原判決は、本件では免責通知書に記載された事由以外にも免責事由が存したとして、「協会役員らが免責通知を撤回し代位弁済をした行為がその任務に違背するものであった旨を詳細に判示している」が、「上記の登記手続が未了であったという事実以外の事実を当時の被告人Xが認識していたことは確定していないのであるから、そのような事実を直ちに被告人が行為の任務違背性を認識していた根拠とすることはできない」し、「記録によれば、上記の機械4点の登記漏れの事実が8,000万円の債務全額について協会の保証責任を免責する事由となり得るかどうかについて、議論があり得るところである」ことなどの諸事情に照らせば、「本件においては、被告人が協会役員らと共謀の上、協会に対する背任行為を実行したと認定するには、少なからぬ合理的な疑いが残っているといわざるを得ない。」

◆**北國銀行事件・名古屋高判平成17・10・28高裁刑事裁判速報集平成17・285**

　上記の最高裁平成16年の差戻し決定[8]を承けて、控訴審判決は、次のように判示して、被告人に無罪を言い渡した。

　Ａ銀行頭取の被告人Ｘからの要請に応じてＢ信用保証協会の役員Ｙらが免責通知を撤回して8,000万円の代位弁済を実行したことに関しては、「Ａ銀行とＢ協会とは利害が相反する『対向関係』にあるが、そのＡ銀行の代表取締役頭取である被告人が、相手方であるＢ協会の役員らに対し、Ａ銀行に有利な取扱いを要請し、働き掛けること自体は、その職責上いわば当然であって、取引上の適法な行為」であり、「Ｂ協会の『事務処理者』の立場にはない被告人が、本件代位弁済に関して、協会役員らに対し、Ａ銀行に有利な取扱いを要請し、働き掛けた場合、その要請・働き掛けが著しく相当性を欠き、Ｂ協会役員らに背任行為を強いる危険が高いなど、経済取引上の交渉事として社会的に容認される

8）北國銀行事件・最判平成16・09・10刑集58・6・524、判時1875・148、判タ1167・106。

限度を超えない限り、Ｂ協会の『事務処理者』である協会役員らがＢ協会に対する背任罪の刑事責任を問われる場合であっても、被告人に対しては、背任罪の共謀共同正犯の責任を問うことはできないというべき」であって、「被告人が負担金の拠出を拒むことで、実際に協会役員らに免責を撤回して代位弁済するよう強いることができたかは疑問であることや被告人ＸがＹに本件代位弁済を要請した際の言動の内容等先に指摘した諸事情に照らすと、被告人ＸがＢ協会側に再考を強く求めたにすぎないにもかかわらず、被告人Ｘの影響力の大きさを知悉していた協会役員らは、Ａ銀行との関係の悪化とそのもたらすＢ協会への影響を懸念する余り、保身を図ろうとする気持ちもあって、いわば過剰に反応し、免責を撤回して代位弁済に応じる意向を慌ただしく固めてしまった、とみるべき余地もなお残ると言わざるを得ない」のであり、「被告人Ｘにつき、Ｂ協会役員Ｙらとの背任の共謀を認めるには、疑問が残るといわざるを得ず、被告人Ｘが協会役員Ｙらと背任罪の共謀をしたことは、本件全証拠によってもこれを認めることができない。」

◆**拓殖銀行特別背任事件・札幌高判平成18・08・31刑集63・9・1486、判タ1229・116**[9]

本件は、Ｂ銀行の頭取であった被告人Ｙ1及びその後任の被告人Ｙ2が、頭取在職中、被告人Ｘが実質的な経営者であり、かつ、実質破たん状態にある３社（「Ａ社グループ」）に、十分な担保を徴することなく融資し、Ｂ銀行に総額約85億円の損害を加えたとして、被告人Ｘとともに特別背任の罪に問われた事案である。

本判決は、被告人Ｘ・Ｙ1・Ｙ2の３人を無罪とした第一審判決[10]を破棄して自判し、３人全員に有罪判決を言い渡しが、被告人Ｘに特別背任罪の共謀共同正犯が成立するかという争点について、次のように判示した。

「本件のように銀行の頭取が実質破たん状態の企業に対し、継続的に多額の赤字補填資金等を実質無担保で融資した場合、その借り手に頭取の

9）上告審は、拓殖銀行特別背任事件・最決平成21・11・09刑集63・9・1117、判時2069・156、判タ1317・142であり、有罪判決を受けた融資側のＹ1・Ｙ2の上告、及び被融資側のＸの上告を棄却している。

10）拓殖銀行特別背任事件・札幌地判平成15・02・27刑集63・9・1328、判タ1143・122。

特別背任罪の共謀共同正犯が成立するためには、頭取の任務違背や図利・加害目的、財産上の損害の発生を認識したことに加え、頭取の特別背任行為に加功したこと、すなわち、任務違背を明確に認識しながら特別背任行為につき意思の連絡を遂げたり、任務違背に当って支配的な影響力を行使したり、社会通念上許されないような方法を用いるなどして積極的に働きかけ、あるいは、融資に応じざるを得ない状況にあることを利用しつつ、融資の実現に協力するなどしたことを要する」ところ、「被告人Xは、被告人Y1及び同Y2が融資を継続せざるを得ない状況にあることを利用した」ばかりか、B銀行関係に対し、「白紙にできる話ではない。今までの合意事項が表に出れば、裁判にでもなったら、大変なことだ。」、「農地法違反の問題を考えると事業を継続する方がリスクはないと思っています。」、「もし、行政が認めてくれないのなら『c_1さん、あなただって行くんですよ』と言うしかありません。」「農地法違反については、皆、針のムシロです。Bぎんさんにとっても大きなマイナスになります。」などと述べるなど、B銀行関係者等が「被告人Xの言動を脅迫的と感じていたことは明らかである。」「以上のように、被告人Xは、被告人Y1及び同Y2との共通の利害を背景に両被告人が融資を継続せざるを得ない状況にあることを利用すると同時にそれにつけ込み、脅迫的言動まで行って融資を実現したのであるから、被告人Y1及び同Y2の特別背任行為について加功をしたとの評価を免れない。」

(3) **積極的働きかけ類型**

① **具体的指示型**

◆**石川銀行事件・最決平成20・05・19刑集62・6・1623、判時2047・159、判夕1301・126**

本件ゴルフ場を経営していたA社は、G社に対しゴルフ場造成工事に係る多額の債務等を負担しており、実質的に経営が破綻し、劣悪な状態にあったが、A社代表取締役の被告人Xは、自己の支配する企業が、B銀行から融資を受けて、A社から本件ゴルフ場を買い取ったうえ、G社に相当額を支払ってA社に対する債権を譲り受ける形を取るなどして、A社の債務圧縮を実現するスキームをB銀行のY頭取らに提案したうえ、具体的に、本件

ゴルフ場の担保価値は10数億円程度にすぎないのに不動産鑑定士に担保価値67億円余とする不動産鑑定書を作らせ、被告人が実質的経営者である本件ゴルフ場譲渡先となるC社を新たに設立したうえ、B銀行の頭取Yらと融資の条件について協議するなど、提案したスキームに即した行動を取った。その結果、A社とC社との間で、C社が本件ゴルフ場を譲り受ける旨の売買契約が締結され、A社はG社に対する合計約156億円の債務のうち、17億円を支払い、G社はA社に対する債権の残額を300万円で譲渡するなどの合意が成立し、上記17億円の支払等に充てるために、B銀行の頭取Yらがその任務に違背し、不良債権化することが必至であることを認識しながら、自己保身やA社の利益を図るためにC社に対し、本件ゴルフ場の代金支払い名目で、本件ゴルフ場を担保に57億円の融資を実施した事案で、被融資側の被告人Xが、B銀行の頭取Dらの特別背任罪に対する共同正犯で起訴された事案である。

第一審の有罪判決[11]に対する控訴につき、控訴審の控訴棄却判決[12]に対する上告を承けて、本決定は、次のように判示して、上告を棄却した。

「被告人Xは、特別背任罪の行為主体の身分を有していないが、上記認識の下、単に本件融資の申込みをしたにとどまらず、本件融資の前提となる再生スキームをYらに提案し、G社との債権譲渡の交渉を進めさせ、不動産鑑定士にいわば指し値で本件ゴルフ場の担保価値を大幅に水増しする不動産鑑定評価書を作らせ、本件ゴルフ場の譲渡先となるC社を新たに設立した上、Yらと融資の条件について協議するなど、本件融資の実現に積極的に加担したものである。このような事実からすれば、被告人はYらの特別背任行為について共同加功したものと評価することができるのであって、被告人に特別背任罪の共同正犯の成立を認めた原判断は相当である。」

② 隠蔽工作型

◆大判昭和 4 ・04・30刑集 8 ・207

本件は、不正融資の事案ではなく、不正廉売における事務処理者と買手と

---

11) 石川銀行事件・金沢地判平成16・12・27刑集62・6・1727。

12) 石川銀行事件・名古屋高裁金沢支部判平成18・09・05刑集62・6・1772。

の関係における事案である。事案の内容は、呉服卸商B店に雇われ外売係として同商店の商品を小売商に売りさばき、その代金取立ての業務に従事していたYに対して、Xは、B店の商品を廉価で自分に売れば、その利得を2人で折半すること、B店に対しては、Yが商品仕入原価の控簿を秘かに改竄すれば一切を隠蔽できることを教示し、薄給であっても奉公中に将来独立開店に必要な資本を蓄積した方が良い旨を指嗾し、応諾したYと共謀し、YにおいてはB店の商品は原価に幾分の利益を加算してこれを他に販売すべき任務を有するにもかかわらず、自己及びXの利益を図る目的をもって、前後約38回にわたり、その任務に反して、商品原価を大幅に割った価格をもってXに売り渡し、B店に対しは指定値段の範囲内において売りさばいたかのように報告し、B店に損害を与えたとして、X・Yが背任罪で起訴された事案である。

　非身分者であるXの罪責について、大審院判決は、次のように判示した。

　　「背任罪は刑法第65条第1項に所謂犯人の身分に因り構成すべき犯罪の一なり。然らば此の如き身分に因り構成すべき犯罪に付身分なき者に於て之を犯すことを得ずと云ふは、止だ単独之を行はんと欲する場合に付て云ふのみ。身分なき者と雖身分ある者の行為に共同加功する場合に於ては能く之を犯し得るものとす。刑法第65条第1項は正に此の理を表明せるものに外ならざるなり。」

③　リベート指嗾型

◆東京高判昭和30・10・11高刑集8・7・934、判タ53・56

　本件は、被告人Xらが、会社設立に必資な資金を調達するため、B銀行支店長Yと共謀のうえ、内規違反の手形保証をYに行わせて甲銀行に損害を与えたとして背任罪の共同正犯に問われた事案である。すなわち、被告人X・Tの両名が、Sとともに蓄力車の製造販売を目的とする会社の設立を企図し、工場買収等の資金の融通を当時B銀行支店長Yに依頼し、現金融通が不可能なら被告人Xらの振出した手形に支店長として支払保証をして貰えば、金融業者に割引を受けて現金を入手して会社を設立し、会社設立の折りにはYを取締役に招くし、B銀行のSに対する債権の回収も一挙に解決できるとし、いろいろ勧説に努力したので、Sに対する債権回収を苦慮して

いた Y は、遂に被告人等の右依頼に応じ、約束手形によって被告人らに金融の途をつけてやり、かつ将来設立せられる会社の重役になることを目的とし、被告人ら振出の約束手形に支店長たる資格で支払保証をしてやる決意を固め、ここに X・T、Y 及び S の 4 名が共謀のうえ、Y はもとより被告人両名も S も、支店長 Y の手形保証が B 銀行の内規により禁止されていて、Y の支払保証がその任務に反することを熟知しながら、Y がその任務に背き手形の支払保証をなした任務違背行為に共同加功したとして、背任罪の共同正犯に問われたものである。

本判決は、第一審の有罪判決を維持して、次のように判示した。

被告人 X らは、Y に対し、「金融業者に割引を受けて現金を入手し会社を設立すべくその節には Y を取締役に招く」し、B 銀行の「債権の回収も一挙に解決し得る」等と説いて「いろいろ勧説に努力した」だけでなく、「支店長 Y の手形保証が B 銀行の内規により禁止されていて、Y の支払保証がその任務に反することを熟知」していたのである。そして、「背任罪は刑法第65条第 1 項にいう身分に因り構成すべき犯罪であるが、身分のない者でも身分ある者と共謀関係の存するときは同条の共同正犯者なりといわなければならない」ところ、「被告人両名が B 銀行支店長 Y に手形の支払保証を求めるに至つた事情並びに E に於てこれに応じ支払保証文言に手形に記載した後これが割引に奔走した事実関係に徴しても被告人両名は Y と共謀の上前記（一）のとおりの犯行をしたものと認めなければならない。従つて被告人両名に対し背任罪の成立を認めた原判決に失当はない。」また、「被告人両名が、B 銀行に支店長の支払保証を禁ずる趣旨の内規が存することを Y より聞知していたものと認められ、右内規が銀行外部に公表されないこと所論のとおりとしても、被告人両名が Y の所為がその任務に反することを熟知していたとするを妨げない。」

④　総合積極的働きかけ型

◆富士銀行背任事件・最判昭和57・04・22裁判集刑227・75、判時1042・147

本件は、極度の経営不振に陥っている A 社（X の個人経営）に勤務する被告人 S・T の両名が、B 銀行支店副長 Y と共謀のうえ、もっぱら X の利益

に帰属する巨額の不正融資を行ったものであり、しかも、その態様が担保の徴求などを全く欠き通常の取引形態から著しく逸脱したもので、回収困難・回収不能に陥ることが必定であることを熟知し、多額の不正融資を支障なく遂行するためには東京都以外の銀行に架空人名義口座を開設してそこに順次送金する方法を採るのが便宜であると提案して本件犯行に及んだとして、背任罪の共謀共同正犯に問われた事案である。

　本判決は、職権により、次のように判示して、被告人両名に背任罪の従犯の罪責を言い渡した。

　　「被告人Sは1円もその分け前にあずかつておらず、被告人Tもその分け前にあずかつたとの確証がない」こと、「5億円の謝礼と引換えに20億円の融資を得るという本件の筋書きは、X個人によつて発案、推進され、融資金の主たる受け皿である銀行口座の開設、運用もまたX個人によつてされたのではないか、という疑い」があること、それも、「専らXが個人の利得を収める目的をもつてしたもので、被告人両名がXと共謀して同人らの利得を意図してしたものでない」こと、また、「被告人両名の所為は、Xの個人会社A社に雇われ、資金面を担当していた被告人Sにおいて、社長であるXの命をうけて融資側に立つYに対し資金貸出しを要請し、また、……被告人Tにおいて、同じく社長であるXの命をうけ自己の分担事務である事業計画の内容を説明したにとどまるものとみるのが合理的」であり、「してみると、被告人両名の右所為は、XやYらと共謀し、かつ、その共謀に基づいて本件背任罪の犯行を遂行したというに足りないものというべきであり、右Xのために、同人の犯行を容易ならしめるべくこれを幇助したにとどまる」。

⑷　内部者類型

◆大判昭和8・09・29刑集12・1683

　本件は、A証券株式会社の株式売買係の被告人Xが、同証券株式会社常務取締役で会社資金の貸付並びに保管等の業務に従事するYと共謀のうえ、Yの任務に背き、確実な有価証券を担保として徴求すること、かつ融資金額は該担保価格の8割を標準とすることという融資条件を遵守することなく、自己の利益を図る目的で、担保を提供せずもしくは不足担保を提供し、同人

をして数回にわたり、右証券株式会社資金を自己に貸付けさせて同会社に損害を加えたとして背任罪の共同正犯で起訴された事案である。

本判決は、次のように判示した。

「背任罪は他人の為其の事務を処理する者が自己若は第三者の利益を図り又は本人に損害を加ふる目的を以て為したる背任行為に因り本人に財産上の損害を加へたる場合に成立すべく、又右背任行為者と共謀し背任罪構成要件たる行為の一部に加功したる者は同罪の共同正犯として其の責に任ずべき」ところ、「第一審共同被告人Yは株式の売買、其の売買の資金の融通等を営業の目的となす判示株式会社の取締役として同会社の営業に関する事務を担任せる者にして、被告人Xと共謀し、同人の利益を図り、同会社に於て資金の融通を為す際、相手方をして提供せしむる担保及之に対する融通金額の割合等に付夫々規準の定めあるに拘らず、之を遵守せずして同人に判示の金員を貸与し、同人は之を受取り、因て同会社に判示の損害を加へたるものなれば、Yの行為は背任罪を構成し、被告人Xは同罪の構成条件たる行為の一部に加功したるものと謂ふを得べし。随て同人は背任罪の共同正犯として処罰せられるべきものとす」。

◆**大阪地判平成25・11・22** D1-Law.com 判例体系：28222712／LLI/DB 判例秘書：L06850687

被告人Xは、学校法人A学園の顧問で実質的に同学園を支配する者であり、同学園の理事長Yとともに、同学園の業務全般を統括し、同学園の資産を管理するにあたっては、法令及び同学園の寄附行為に定められた規定を遵守したうえで、その財産を適切に管理運用すべき任務を有していたのであるが、被告人XはYと共謀のうえ、その任務に背き、被告人X自身の利益を図る目的で、3回にわたり、いずれも同学園理事会の決議を経ることなく、かつ、被告人X自身に十分な資力がなく、その返済が著しく困難であることを知りながら、無担保で、同学園から被告人Xに対し、合計3億8,000万円の貸付けを行わせ、もって同学園に同額の財産上の損害を加えたとして、背任罪で起訴されたものである。

本判決は、次のように判示して、被告人Xを有罪とした。

被告人Xの背任罪の主体性については、「被告人Xは、A学園の運営に絶大な影響力を有していた」と認められ、「同学園の運営を実質的に支配していた」のであり、本件各融資の当時、「A学園の事務を処理する者」であったと認められる。」また、被告人Xの故意及び図利・加害目的、ひいてはYとの共謀については、「被告人Xは、Yに対し、本件各融資について理事会決議を経る必要がない旨伝え、Yが、自らの指示に従って理事会等で本件各融資について承認手続をとっていなかったことを認識していた」と認められ、A学園から、「無担保かつ巨額の借り入れを受けているのであるから、被告人Xは、A学園に損害を与える危険性が高いことを十分に認識していた」と認められるのであって、「被告人Xは、本件各融資について、自らの利益を図る目的の下でこれを行ったものと認められる。」結局、「被告人には背任罪の主体性、故意及び図利加害目的（ひいてはBとの共謀）が認められる。」したがって、被告人Xには、背任罪（の共同正犯）が認められる。

(5) 利害共通類型

◆ **JHL 不正融資-オクト社事件・東京地判平成11・05・28刑集57・2・210、判タ1031・253**

本判決は、先の「(2) 実質支配類型」で紹介したJHL不正融資-オクト社事件・最高裁平成15年決定[13]の第一審判決であり、事案の内容はそちらを参照願いたい。

本判決は、次のように判示した。

身分者でない被融資者である「被告人両名は、融資側のスキャンダル等の弱みにつけ込んで融資に応じさせたり、犯行計画や手口を具体的に指示するなど積極的に身分者の行為に加功したわけではないから、このような意味で、被告人両名の共同正犯性が肯定されるわけではない」けれども、「融資残高が大きい融資先への継続的融資では、たとえ融資先の経営状況が危ぶまれても、融資残高が回収不能になるのを避けるため、

---

13) JHL 不正融資-オクト社事件・最決平成15・02・18刑集57・2・161、判時1819・155、判タ1118・100。本書17頁以下参照。控訴審判決であるJHL不正融資-オクト社事件・東京高判平成12・07・12刑集57・2・271は、一審判決を是認している。

融資の申し込みには応じざるを得ない事情が融資側に生じることがあり」、「逆にいえば、被融資者は融資による利益を受けるだけでなく、それまでの累積的な借入によって融資担当者を右のような状況に追い込んだともみられるのであって、融資担当者と被融資者とは、法律的な立場としては対立していても、融資先の倒産等による影響が融資会社に及ぶだけでなく、融資担当者にも、それまでの継続的な融資を行ってきたことに対する社会的、民事的、人事的評価等の面で多かれ少なかれ影響が及び、刑事を別にしても、当該継続融資の責任を社会的、民事的に問われることもあり得るところから、融資を継続すること自体の利害が融資担当者と被融資者との間で共通化し、その意味で、被融資者に対しても、身分者である融資担当者が問われる融資行為による特別背任行為への共同正犯性を肯定できる基盤があるといえる。」

◆**イトマン絵画取引事件・最決平成17・10・07刑集59・8・1108、判時1914・157、判タ1197・148**

本決定で職権判断の対象となった事件は、被告人Xが、株式会社B社及びその子会社の取締役で絵画等購入担当者であるYらと共謀のうえ、B社をして、被告人Xが実質的に支配するA会社から、多数の絵画等を著しく不当な高額で購入させ、B社に総額約223億1000万円相当、その子会社に総額約40億4000万円相当の損害を負わせたとして、特別背任罪に問われた事案である。

第一審の有罪判決[14]を承けて、控訴審判決[15]が、「非身分者について、身分者との間で共謀共同正犯の成立を認めるについては、当該事案の性質、内容に沿って、両者間で「共謀」が成立したと認定するに足りる前提事実、とりわけ、非身分者と身分者との関係、非身分者における身分者の任務違背に関する認識内容やその任務違背行為に対する働きかけの形態等を踏まえ、身分者の任務違背行為そのものに対する非身分者の関与の程度につき、それが通常の融資等の取引の在り方から明らかに逸脱しているといえるか否かにつ

---

14) イトマン絵画取引事件・大阪地判平成13・03・29刑集59・8・1170。
15) イトマン絵画取引事件・大阪高判平成14・10・31刑集59・8・1307、判時1844・123、判タ1111・239。

30 第1章 判例及び学説の検討

いて、慎重に吟味検討をすることが必要である」と判示していることが注目
される。

　控訴審判決を承けて、本決定は、職権により、被告人につき特別背任罪の
共同正犯の成否について、次のように判示した。

　　「被告人は、特別背任罪の行為主体としての身分を有していないが、前
　記認定事実のとおり、Ｙらにとって各取引を成立させることがその任務
　に違背するものであることや、本件各取引によりＢ社やその子会社に
　損害が生ずることを十分に認識していた」うえ、Ｙと被告人Ｘは、「共
　に支配する会社の経営がひっ迫した状況にある中、互いに無担保で数10
　億円単位の融資をし合い、両名の支配する会社がいずれもこれに依存す
　るような関係にあったことから、Ｙにとっては、被告人Ｘに取引上の
　便宜を図ることが自らの利益にもつながるという状況」にあり、「被告
　人は、そのような関係を利用して、本件各取引を成立させたとみるこ
　と」ができるのであり、「このようなことからすれば、本件において、
　被告人が、Ｙらの特別背任行為について共同加功したと評価し得ること
　は明らかであり、被告人に特別背任罪の共同正犯の成立を認めた原判断
　は正当である。」

(6) 主観重視類型

◆千葉銀行特別背任事件・東京高判昭和38・11・11 （判例集不登載）[16]

　本件は、甲銀行頭取であったＹが、同銀行支店長らの強い反対にもかか
わらず、実業家Ｘに対して同支店を通じて巨額の融資を行い、多額の回収
不能部分を生じさせるに至った事案である。

　この事案で注目されるのは、控訴審判決[17]であり、次のように判示し、被
告人Ｘには、銀行に対し損害を及ぼす認識ないしＹをして銀行頭取として
の任務に背かしめることの認識がなかったとして、特別背任罪の共同正犯に
つき無罪を言い渡したのである。

　　「思うに、銀行頭取のなした貸付が不当貸付と認められ、頭取が特別背
　任罪に問われるべき場合においても、貸付をなす任務即ち貸付をなす身

---

16) 第一審判決は、千葉銀行特別背任事件・東京地判昭和36・04・27下刑集3・3=4・346である。
17) 千葉銀行特別背任事件・東京高判昭和38・11・11（判例集不登載）。

分を有しない借受人の立場は、銀行の立場とは全く別個の利害関係を有する立場であるから、借受人が貸付人と特別背任罪を共謀する認識を有していたか否かの点の認定については、その判断は極めて慎重を要するもので、貸付を受ける者の立場、その利害関係から生ずる心理状態等を仔細に検討したうえ、借受人が差入れた担保物件ついて有した認識、評価その他各般の重要な情況についても、銀行の立場又は第三者の立場を離れ、銀行頭取の有する任務違背の認識とは独立して、借受人の立場を中心として判断しなければならない。この観点が明確でないと、勢い借受人の立場についての観察は近視眼的となり、苛酷な認定を下す虞なきこと保し難い。」「任務すなわち身分を有しない者をして、任務を有する者の任務違背の所為につき、共同正犯としての責を負わしめんがためには、その際任務を有する者が抱いた任務違背の認識と略同程度の任務違背の認識を有することを必要とするものと解しなければならない。」

◆**千葉銀行特別背任事件・最判昭和40・03・16裁判集刑155・67**

上記千葉銀行特別背任事件・東京高裁昭和38年判決[18]の上告審判決である本判決は、控訴審判決を維持して、次のように判示した。

「原判決の判示するところは、要するに、身分のない者について本件商法違反の罪の共同正犯が成立するためには、身分のある者について同罪が成立するのに必要な任務違背の認識と同じ程度の任務違背の認識が必要であるというにあるものと解される。」

◆**第一相互銀行事件・東京地判昭和40・04・10判時411・35[19]**

本件は、㋐B銀行代表取締役社長 Y1、同銀行常務取締役 Y2、株式会社A1社代表取締役 X1 が、共謀のうえ、右 A1 の利益を図る目的をもつて、Y1、Y2 において同銀行役員として任務に背き、約2年弱の間に97回にわたり、右 A1 に対し B 銀行資金1億9,370万円余りを貸し付け、また、㋑Y1、Y2、B 銀行貸付課長 Y3、幾つかの会社の実質所有者である X2 が、共謀のうえ、右 X2 の利益を図る目的をもつて、Y1、Y2、Y3 において B 銀行役職員としての任務に背き、約1年2か月の間に65回にわたり、右 X2 に対し同

---

18) 千葉銀行特別背任事件・東京高判昭和38・11・11（判例集不登載）。
19) 控訴審判決は、第一相互銀行事件・東京高判昭和42・01・30高裁刑事裁判速報1581である。

銀行資金2億6,400万円弱を貸し付け、さらに、⑦ Y1、Y2、Y3、A3会社の経理担当者X3が、共謀のうえ、右A3会社の利益を図る目的をもって、Y1、Y2、Y3において同銀行役職員としての任務に背き、5か月余りの間に212回にわたり、右X3会社に対し、B銀行資金14億6,600万円余りを貸付け、㋓ Y2が、自己の利益を図る目的をもって、同銀行役員としての任務に背き、自己に対しB銀行資金348万円弱を貸付け、もって、それぞれ同銀行に対し同額の損害を加えたとされ、特別背任罪（の共同正犯）で起訴された事案である。

　本判決は、上記⑦及び㋑に対する貸付行為のうち、⑦ A1社に対する8,000万円余りの融資、及び㋑ X2に対する9,400万円余りの融資、計1億7,500万円弱相当部分について背任罪の成立を認め、その余の部分については背任罪の成立を否定した。そのうち、⑦の有罪部分について、本判決は、次のように判示した。

　　A1社に対する貸付は、「同銀行がA1と運命を共にする結果を招きかねない危険な貸付」であり、「その時価からすれば完全なる回収の危ぶまれる貸付であり、また元本の返済はもとより利息の支払もないまま既に長期間固定しており、収益性、流動性を欠いた貸付であった」のであり、「A1に対する右貸付金が固定しているため、資金量が枯渇し、至急資金量の回復を図らねばならない状態にあった」にもかかわらず、被告人Y1、同Y2は、「被告人X1からの貸増方の懇請に応じて、被告人3名は共謀のうえ、A1に対しこの上銀行資金を貸増すれば、相当期間内に回収できないことはもとよりB銀行に回収不能の危険が生じ、また銀行資金の枯渇を激化させることを認識しながら、A1の利益を図る目的をもって、被告人Y1、同Y2において自己のB銀行取締役社長、常務取締役としての前記任務に背き、使途についての充分な調査をなさず、弁済期限の確約もなく、また確実充分なる保証人や担保物の提供を受けることなく、……45回に亘り、前記B銀行本店において、A1に対し同銀行資金8,033万5,315円を貸付け、もって同銀行に対し同額の資金回収不能の危険と資金枯渇を生じさせる財産上の損害を加えたものである。」

第2　判例の考察　33

◆**福岡地判平成3・01・31刑集50・2・192**

　本件は、Xが代表者をしていた株式会社A社が、B銀行との間で当座勘定取引を開始し、当座貸越契約を締結して融資を受けているうち、貸越額が信用供与の限度額及び差し入れていた担保の総評価額をはるかに超え、約束手形を振り出しても自らこれを決済する能力を欠く状態になっていたにもかかわらず、Xが、B銀行支店長Yと共謀のうえ、9回にわたりA社振出しの約束手形にB銀行をして手形保証をさせたとして背任罪の共同正犯に問われた事案である。

　本判決は、次のように判示しており、主観的事情を重視する判断をしている。

　　Yは、「信用供与等同店の業務全般を統括する支店長」として、融資先である「A社の営業状態、信用状態が不良であり、同銀行の同社に対する信用供与がその限度額及び徴求済みの担保の総評価額をはるかに超えており、かつ、同社が多額の負債を抱えていて約束手形を振り出しても自ら決済する能力がないこと」が明らかな状況にあったのだから、手形保証を行う場合には、「手形保証債務に相当する十分な担保を徴求するなど万全の措置を講じて銀行に損害を与えないよう誠実にその職務を遂行すべき任務」を有しており、他方、被告人Xにおいても、「Yの右任務を熟知しながら、Yと共謀の上、A社にとっては同銀行の支払保証を受けた約束手形によって他から融資を受けあるいはこれを不動産購入代金の支払いに充てるなどすることによって当面同社の倒産を免れることができ、YにとってはA社の倒産を回避することによって同銀行における自己保身を図れるなど、A社及びYの利益を図る目的」をもって、Yにおいて、その任務に背いてB銀行が約束手形に支払保証し、被告人において、A社を振出人とし、B銀行を手形保証人とする約束手形を作成、交付し、「もって、B銀行に手形保証債務を負担させて財産上の損害を加えたものである。」

◆**東京佐川急便暴力団関係事件・東京地判平成5・06・17判タ823・265**

　本件は、被告人Xが、暴力団幹部Aから事業を手掛けるうえでの協力を依頼されてこれを承諾し、事業資金調達の目的で東京佐川急便代表取締役社

長Ｙ及び同常務取締役Ｚとの交渉方に当たり、総額132億円の債務保証、35億円の貸付に関与したとして、特別背任罪の共同正犯で起訴された事案である。

本判決は、次のように判示した。

　　被告人Ｘは、暴力団幹部Ａの意を受けて行動し、直接的な利益を受ける立場にはなかったけれども、東京佐川急便との交渉という重要な役割を当初から一貫して果たしていたこと、その交渉に際しても、被告人は、Ａの意向に沿いつつ自らの判断で一定の裁量をもって交渉にあたっていたもので、本件共謀の成立過程で重要な役割を果たしていたこと、また、本件による利益はすべてまずＡの支配する会社２社の債務の弁済その他の必要資金にあてられているが、被告人は、対外的にはこれら２社の代表者あるいはそれに近い立場にある重要な地位にあったこと、そして、Ａ及び被告人は、Ｙ・Ｚが新たな保証や貸付けに応じなければ２社が倒産し、Ｙ・Ｚが苦境に陥る結果となるのを熟知しながら、あえて右両名に任務違背行為を要請していることが認められることなどの事情の下では、「Ｙ、Ｚに特別背任を犯させるにあたって、被告人の果たした役割やその占める地位は重要であるということができ、身分を有するＹ及びＺの行為を手段として身分のない自己の犯罪意思を実現しようとしていたものということができる」から、被告人Ｘにも共同正犯が認められる。

◆佐川急便平和堂関係事件・東京地判平成 5 ・12・09判タ854・291

　本件は、佐川急便事件のうち平和堂グループへの不正融資に関する事件であり、平和堂グループの代表者である被告人Ｘは、東京佐川急便のＹ社長から融資を受けて株取引や不動産投資を行い、その見返りにＹに裏金を提供していたところ、不動産投資や株取引などで失敗して多額の負債を抱えるようになって後も、その財政状態を回復するために、さらに多額の融資等を受けて株の仕手戦などで多額の利益を得ようと企図し、Ｙから総額211億円及び2400万ドルに及ぶ一連の融資・債務保証を受けたとして、Ｙの特別背任罪につき、その共同正犯で起訴された事案である。

　本判決は、次のように判示した。

㋐　任務違背性の認識　「本件融資や債務保証は、経営が破綻に瀕していた平和堂グループ及び被告人Xに対し、主として仕手株への投資という危険性の高い行為を行うためになされたもの」であり、「いずれも資金回収が不能になる可能性が極めて高く、既存の融資等の回収を図る手段としても、とうてい正当化されるようなものではなく、東京佐川急便におけるYの代表取締役としての任務に違背することは明白である」し、「被告人Xが本件融資や債務保証がYの任務に違背することを認識していたことも明らかというべきである。」

㋑　加害性の認識　また、「株取引はそれ自体投機的色彩があり損害発生の危険性を内在するものである上、仕手株への投資は莫大な利益を生む可能性がある反面損害発生の危険性も通常の株式投資に比して大きいものであり、被告人X及びYはこのような危険性について認識していたと認められる」。

㋒　図利加害目的　そして、「本件融資や債務保証がYへの裏金の還流を期待してなされたことを被告人自身認識していたことは明らか」であり、また、「平和堂グループが倒産」して「東京佐川急便は多額の不良債権を抱えるとともに保証債務の履行を迫られること」になると、「このような融資や債務保証をしたYの責任問題となることは自明のことであるから、被告人Xは、Yが自己保身の目的を有していたことも認識していたものと認められる」し、被告人自身も、「自己及び自己が経営する平和堂グループの資産状態を回復させるため、株取引や不動産投資の資金等として、東京佐川急便から融資や債務保証を受けたものであって、自己の利益のために本件犯行に及んだことは明らかである。」

◆福岡高判平成21・04・10高裁刑事裁判速報集平成21・284

　先に「(2)　実質支配類型」で紹介したJHL不正融資 - オクト社事件・最高裁平成15年決定[20]は、「Yらの任務違背、B社の財産上の損害について高度の認識を有していた」とも判示していたため、実質支配類型に分類できるだけでなく、主観重視類型にも分類することが可能である。しかも、その判

---

20)　JHL不正融資 - オクト社事件・最決平成15・02・18刑集57・2・161、判時1819・155、判タ1118・100。本書17頁以下参照。

示文からみて、この最高裁決定は、非身分者に（特別）背任罪の共同正犯が成立するためには、非身分者が身分者の任務違背性を明確に認識、あるいは確定的に認識しながら特別背任行為について身分者と意思連絡を遂げたことが必要であることを判示したと解することも可能である。

この点について、本判決は、次のように注目すべき判断を示しており、特別背任罪の故意につき必ずしも確定的な認識を要しないとした。

「特別背任罪の共同正犯が成立するためには、非身分者が身分者の任務違背に対する確定的な認識を有していることを不可欠の要件としているとは解されない。そして、身分者の任務違背に対する非身分者の認識が未必的認識にとどまる場合に、一律に特別背任罪の共同正犯の成立を否定するのは必ずしも相当とは考えられず、同罪の共同正犯の主観的要件を、他の犯罪の場合と区別すべき理論的根拠は乏しいというべきである。もっとも、非身分者と身分者との間に経済的利害が相対立する緊張関係が保たれている場合には、自由な経済取引保護の観点から、身分者の任務違背に対する非身分者の認識は明確な認識（確定的認識）でなければならず、未必的認識で両者の間に特別背任の共謀の成立を認めるべきではないが、何らかの理由によりこのような緊張関係が失われるに至ったときには、未必的認識による特別背任の共謀の成立を認めるのが相当であると解すべきである。」

◆拓殖銀行特別背任事件・最決平成21・11・09刑集63・9・1117、判時2069・156、判タ1317・142

本決定は、先に「(2) 実質支配類型」で紹介した拓殖銀行特別背任事件・札幌高裁平成18年判決[21]の上告審である。本件では、取引先企業に対する不正融資につき当時の融資担当者であった頭取の任務違背性と、融資先企業の代表取締役の共同正犯としての刑事責任とが主な争点となったのであるが、そのうち、本決定は、主に前者の点について、次のように判示した。

「被告人A及び同Bは、それぞれの頭取在任中に、Dグループがこのよ

---

21) 拓殖銀行特別背任事件・札幌高判平成18・08・31刑集63・9・1486、判タ1229・116。本書21頁以下参照。

うな資産状態、経営状況にあることを熟知しながら、赤字補てん資金等の本件各融資を決定し、実質無担保でこれを実行した。」被告人Ｘが実質的な経営者であったＡ社グループは、本件各融資に先立つ平成６年３月期において実質倒産状態にあり、グループ各社の経営状況が改善する見込みはなく、既存の貸付金の回収のほとんど唯一の方途と考えられていたＧ地区の開発事業もその実現可能性に乏しく、仮に実現したとしてもその採算性にも多大の疑問があったことから、既存の貸付金の返済は期待できないばかりか、追加融資は新たな損害を発生させる危険性のある状況にあった。被告人Ａ及び同Ｂは、そのような状況を認識しつつ、抜本的な方策を講じないまま、実質無担保の本件各追加融資を決定、実行したのであって、上記のような客観性を持った再建・整理計画があったものでもなく、所論の損失極小化目的が明確な形で存在したともいえず、総体としてその融資判断は著しく合理性を欠いたものであり、銀行の取締役として融資に際し求められる債権保全に係る義務に違反したことは明らかである。そして、両被告人には、同義務違反の認識もあったと認められるから、特別背任罪における取締役としての任務違背があったというべきである。」

3　考　察

(1)　各類型の考察

①　**非限定類型**　大審院昭和13年判決[22]の要点は、背任罪は犯人の身分により構成すべき犯罪であるが、その身分のない者が身分ある背任行為者に共謀加担した場合には、刑法65条１項により、身分のない者もまた背任罪の共同正犯の罪責に任ずべきであるとした点にあり、構成身分犯と共同正犯に関する一般原則をそのまま適用して借手の罪責を導き出したものである。しかも、被告人が「唯単に自己の利益を図らんが為請負工事に関し村長又は其の代理者に依頼する所ありて、自己に有利なる行動に出でしめたるに止まり、同人等が其の任務に背く行為に出づるものなることを認識せず又之と共

---

22) 大判昭和13・04・08法律新聞4282・16、法律学説判例評論全集27・刑法98。

謀したるが如き事実なし」という場合には、たとえ「村に財産上の損害を蒙らしむる結果を見る」に至ったとしても、「被告人に背任罪の責を負はしむべき謂れなし」としており、共同正犯の成立要件、及び共同正犯・共犯と身分に関する一般的な考え方をそのまま妥当させて判断しているのである。

大審院昭和14年判決[23]の要点も、背任罪は他人のためその事務を処理する者が自己・第三者の利益を図り又は本人に損害を加える目的をもって、その任務に背く行為をなし、本人に財産上の損害を加えることによって成立する犯罪であり、身分のない者は単独でこれを行うことができないのは勿論であるが、身分のない者が身分ある者の背任行為に加功したときは、その者もまた背任罪の罪責を連帯負担すべきであるとした点にあり、上記の大審院判例と同一線上にある[24]。

大審院昭和14年判決で注目すべき点は、2点ある。第1点は、本判決が、担保解除という任務違背の行為につき、「苟も通謀又は共謀の事実共する以上、所謂実行行為を分担せざるも共同正犯の成立あり」として、非身分者であるXは実行行為を分担していないことを認定しており、その意味で、本件は共謀共同正犯の事案であるということである。第2点は、借手である被告人Xの行為につき、背任罪の共同正犯（刑法60条、65条1項、247条）を認めた控訴審判決に対して上告するにあたって、被告・弁護人側が、次のように主張をしていたことである。すなわち、借手である被告人Xが自己の利益を図るのは、その職業の性質上当然のことであり、社会通念上非難を受けるべきものではないこと、たとえその結果、A組合に財産上の損害を加えることの認識がYにあったとしても、これをもって直ちに被告人Xの行為が違法性を有すると断じることはできないこと、したがって、相被告人Yにその任務に背く所為があったとしても、同人において、Xの請託に従わなければならない理由はないのであって、Xの請託を受け容れるか否かはまったく貸手でYの自由であって、たとえYが被告人Xの請託を受け容れ、同人の利益を図ったとしても、これは単にYにおいてその責めに任ずべきもの

---

23) 大判昭和14・12・22法律学説判例評論全集29・刑法30。
24) 構成身分犯と共同正犯の問題について、戦前の判例で同旨なのは、大判昭和4・04・30刑集8・207、偽証罪の共同正犯であるが大判昭和11・02・25法律評論25刑法215、関東地判大正11・08・08法律新聞2020・3、法律評論11刑法214である。

であって、Xに同一の責任を負担させるべき理由はないと主張していたことである。ここにはすでに、本書が提唱する事実的対向犯説の端緒が見られるのである。しかし、大審院は、被告・弁護人側のこの主張を一顧だにせず、上告を棄却している。

② **実質支配類型**　第一勧業銀行不正融資事件・東京高裁平成2年判決[25]は、借手につき背任罪の共同正犯を肯定するにあたり、被告人らの背任の図利目的、故意及び共謀の有無について、第一審判決と同様、丹念な事実認定を行っている。本判決は、「社会通念上許容されない方法」などの表現を用いてはいないが、特に被告人Xらが、Yに対して、要求に応じなければ、同人の過振り、その他の失態を上司に暴露するかのように脅したり、同和関係者であることの勢威を利用して脅したりするなど威圧的な手段を用いる一方で、地上げに成功すれば相当の謝礼をする旨を申し向けたり、多額の物品や高額の残高のある預金通帳を贈って同人の懐柔を図るなど、硬軟両様の方法を執拗に弄していたことを重視し、融資側の事務処理者Yを実質的に支配下に置いていたと認定したものである。被告人Xらは、「背任の図利目的と故意の下に、Yと意思を通じ、同人を利用して本件各行為を行っていた」との判示部分は、まさにこの趣旨を含んでいると思われる。

イトマン・マスコミ対策関連融資特別背任事件・大阪地裁平成6年判決[26]は、非身分者である被告人Xが、多額の融資を実行させるために、身分者たる特別背任行為者Yらに対し、「執ように融資を迫り続け」、かつ、融資側の弱みを利用するようにして「融資を更に強く要求した」と認定しており、「本件融資は、被告人による積極的な働き掛け、すなわち、積極的加功により実現した」ことを根拠に、特別背任罪の共謀共同正犯の成立を認めたものである。本件は、借手が威迫的な手段を用いているわけではないが、融資側の欲求に巧みに乗じて融資を引き出した事案であり、そのような意味で融資側の弱みにつけ込んだ事案、支配下に置いた事案ということができよう。しかも、本判決では、共同正犯と身分に関する一般原則をそのまま妥当

---

25) 第一勧業銀行不正融資事件・東京高判平成2・03・22経済取引関係裁判例集（刑事裁判資料261）411。

26) イトマン・マスコミ対策関連融資特別背任事件・大阪地判平成6・01・28判タ841・283。

40　第1章　判例及び学説の検討

させ、構成身分と加減身分とが競合する特別背任罪において、非身分者（借手）が身分者（貸手）の行為に共同加功した場合、刑法65条1項により、非身分者には、身分者に成立する重い特別背任罪の共謀共同正犯が成立し、科刑は、同法65条2項により、基本となる軽い背任罪の刑で処断されるという構成が採られている。しかし、このような罪名・科刑分離説は、最近の判例においては排斥されているものと思われる。

　三越事件・最高裁平成9年決定[27]は不正融資の事案ではない。本件において、非身分者Xに特別背任罪の共同正犯が認められたのは、非身分者の積極的な働きかけ、すなわち、第一審で認定された、「被告人Xは、被告人Yとの共謀に基づき、仕入担当社員らに準直方式等による仕入を要求し、必要があれば被告人Yに事前の了解を取るなどして右社員らに被告人Yの任務違背行為の内容の一部となる具体的な買付行為をさせ、その実行行為に積極的に加功した」という事情、及び、「被告人Xは、被告人YのB百貨店社長としての社内における絶大な権力に便乗し、同被告人の自己に対する愛情に甘えるあまり、X絡み輸入方式がB百貨店にとって無用の出費を伴うもので被告人Yにとって社長としての任務に違反するものであることを知りながら、同被告人に積極的に働きかけて共謀を遂げ、右方式を維持・拡大させ、自らも被告人Yの権力を背景に社員らに対し、社長の指示ないし意向であるとして右方式による買付を余儀なくさせ、被告人Yの任務違背行為に積極的に加功している」という事情が根拠となっている。その限りで、本決定も、「被告人YのB百貨店社長としての社内における絶大な権力」に便乗し、「被告人Yの権力を背景に社員らに対し、社長の指示ないし意向であるとして右方式による買付を余儀なくさせ」て、B百貨店側を実質的な支配下に置いていた事情を重視したものと思われる。なお、本件において、第一審判決と控訴審判決・上告審決定との結論が異なったのは、事実認定の違いによるもので、共同正犯と身分犯の論点に着目したときは、いずれの判決・決定も、商法（会社法）上の特別背任罪は、構成身分犯である刑法247条の通常背任罪を前提にした加減身分犯であり、特別背任罪の身分を有する背任行

27）三越事件・最決平成9・10・28裁判集刑272・93、判時1617・145、判タ952・203。

為者に共同加功した非身分者には、身分者に成立する特別背任罪の共同正犯が成立し、刑法65条2項により、同法247条の通常の背任罪の刑で処断されるという構成が採られている[28]。すなわち、罪名（特別背任罪の共同正犯）と科刑（通常背任罪）とを分離する構成が採られているのである[29]。

JHL 不正融資‐高峰リゾート開発事件・東京地裁平成12判決[30]は、身分のない借手に、金融機関の貸付事務処理者に成立する特別背任罪の共謀共同正犯が成立するには、融資等の加害性の認識、本件融資等の行為の任務違背性の認識、貸付事務処理者の図利・加害目的の認識、借手自身の図利・加害目的という主観要素に加え、共謀共同正犯に必要な主観要件である意思の連絡、すなわち、本件では、「金融機関職員の任務に違背することを明確に認識しながら同人との間に背任行為について意思の連絡を遂げた」ことという主観要件とともに、客観要件である共同実行の事実、すなわち、金融機関職員の任務違背行為への共同加功、本件では、「金融機関職員に影響力を行使し得るような関係の利用」や、「社会通念上許容されないような方法の利用」を用いるなどして、「当該職員の背任行為を殊更に利用して借り手側の犯罪としても実行させた」と認められるような加功をしたことを要するとしている。そして、本件では、被告人両名において、本件融資等によりJHLに損害を与えかねないという有害性や、本件融資等の実行がJHL役職員らの任務に違背し、同人らの自己保身目的に基づくものであることについて、それなりに認識していたことは認められるけれども、本件融資等が背任行為に当たることを明確に認識しながらJHL役職員らとの間に共謀を遂げたと

---

28) 東京高判昭和54・12・11東京高裁刑事判決時報30・12・179、平和相互銀行事件・東京地判平成2・03・26刑集52・8・1033、判時1356・63、判タ733・242、佐川急便平和堂関係事件・東京地判平成5・12・09判タ854・291も同様である。

29) この点は、本決定が、「Xには商法上の特別背任罪が成立し、Xと共謀してその犯罪行為に加功した被告人Yは同罪の共同正犯としての刑責を免れない」としていることからも明らかである。しかし、現在の最高裁判例を前提にすると、罪名・科刑分離説は放棄され、罪名・科刑一致説が採られていると考えられる。麻薬を覚せい剤と誤認して営利目的で輸入した事案に関する最決昭和54・03・27刑集33・2・140、覚せい剤を麻薬と誤認して所持した事案に関する最決昭和61・06・09刑集40・4・269、判時1198・157、判タ606・54〔百選Ⅰ・43〕、さらに、暴行・傷害を共謀した暴力団組員らのうち、相手の言動に激昂した者が、未必の殺意をもって同人を刺殺した事案に関する最決昭和54・04・13刑集33・3・179、判時923・21、判タ386・97〔百選Ⅰ・90〕参照。

30) JHL 不正融資‐高峰リゾート開発事件・東京地判平成12・05・12判タ1064・254。

まで認定することは困難であるし、殊更に JHL 役職員らの背任行為を利用して被告人両名自身の犯罪としても実行させるべく働きかけたような状況は認められないから、被告人両名が JHL 役職員らとの間で特別背任について共謀を遂げたと認定することはできないとして、特別背任罪の共謀共同正犯を否定した。つまり、本判決は、実質支配類型の判例でしばしば見られる「社会通念上許容される範囲」にあるか否かの一般的規準を用い、融資側の弱みにつけ込んだという事情もうかがわれず、「融資等を申し込む行動として社会通念上許容される範囲」にある行為であるから、融資側の貸付事務処理者の背任行為に共同加功したと認定できないとして特別背任罪の共同正犯を否定したのである。結局のところ、本判決は、「本件融資等が背任行為に当たることを明確に認識しながら JHL 役職員らとの間に共謀を遂げたとまで認定できるか否か」を含め、借手の加功行為が融資側の貸付事務処理者の背任行為に共同加功したと認定できるかどうかを重視しており、その限りで、行為の客観面を重視していることがうかがえるとともに、「背任行為に当たることを明確に認識しながら」という判示部分では、主観重視の傾向も見てとれるのである。

　JHL 特別背任事件・東京地裁平成13年判決[31]は、先の JHL 不正融資 - 高峰リゾート開発事件・東京地裁平成12年判決[32]と同じく東京地裁刑事第2部係属の事件であり、同一の裁判長による判決でもあるため、同様の一般的規準が示されている。その意味で、本判決もまた、実質支配類型の判例でしばしば見られる「社会通念上許容される範囲」にあるか否かの一般的規準を用い、借手の加功行為が融資側の貸付事務処理者の背任行為に共同加功したと認定できるかどうかという行為の客観面を重視していることがうかがえるし、「その職員の任務に違背することを明確に認識しながら」という判示部分では、主観重視の傾向もうかがえるのである。

　JHL 不正融資 - オクト社事件・最高裁平成15年決定[33]は、JHL（住宅金融専門会社）B 社の役職員 Y ら融資担当者が、実質上破綻状態にある不動産会社

31）JHL 特別背任事件・東京地判平成13・10・22判時1770・3。
32）JHL 不正融資 - 高峰リゾート開発事件・東京地判平成12・05・12判タ1064・254。
33）JHL 不正融資 - オクト社事件・最決平成15・02・18刑集57・2・161、判時1819・155、判タ1118・100。

A社に対して巨額の運転資金を実質無担保で継続的に融資するにあたり、A社の代表取締役社長Xにおいて、融資担当者Yらの任務違背、JHLB社の財産上の損害について「高度の認識」を有し、融資担当者Yらが自己の責任を回避し、保身を図る目的で本件融資に応ぜざるを得ない状況にあることを知りながら、迂回融資工作に協力・加担するなどして、本件融資の実現に貢献したなど判示の事情の下では、代表取締役社長Xは、融資担当者Yらの任務違背に当たり、「支配的な影響力を行使する」、「社会通念上許されないような方法を用いる」などとして積極的に働きかけることがなかったとしても、融資担当者Yらの特別背任行為について共同正犯が成立するとした。すなわち、非身分者である被告人に身分者側の任務違背、財産上の損害等についての「高度の認識」があったという事情を重視しつつも、被告人は身分者側が「融資に応じざるを得ない状況にあることを利用」したとみなし得ること、また、融資に当たって「迂回融資の手順を採ることに協力する」などしたことなども考慮して共同正犯の成立を認めたものである。したがって、本決定は、行為者の主観面を重視した主観重視類型の判例としての性格を有しつつも、行為の客観面を重視した実質支配類型の判例としての性格も有しているといえよう。

　北國銀行事件・最高裁平成16年判決[34]の事案は不正融資の事案ではないけれども、金融取引において、A銀行代表取締役頭取Xは、B信用保証協会の専務理事Yらとは対向的な関係にあるところ、Xがどのような加功行為をすれば、相手方Yらの（特別）背任罪の共同正犯・共犯となるのかが問われている点で、不正融資の借手の刑事責任と同様の構造を有している。本判決は、被告人Xが協会に対する負担金の拠出に応じないことを利用して代位弁済を強く求めることができたかどうかについては疑問があることを前提にして、負担金の拠出を受けることと切り離して本件代位弁済をすることが、直ちに協会役員らの任務に背く行為に当たると速断することはできないこと、当時の被告人XがB信用保証協会のYらの行為の任務違背性を認識していたと断定することはできず、被告人Xが協会役員Yらと共謀のう

---

34) 北國銀行事件・最判平成16・09・10刑集58・6・524、判時1875・148、判タ1167・106。

44　第1章　判例及び学説の検討

え、B信用保証協会に対する背任行為を実行したと認定するには、少なからぬ合理的な疑いが残っているとして、原判決を破棄して差し戻したものである。本判決は、原判決が前提としていた本件の構図、すなわち、A銀行とB信用保証協会の互いの立場や負担金拠出のこれまでの経緯などを考慮すると、A銀行が負担金の拠出を拒絶することをちらつかせながらB信用保証協会に代位弁済を強く求めたという構図、具体的には、A銀行のXが負担金の拠出に応じないことを駆け引きにしてB信用保証協会のYらに代位弁済を強く求めたという構図、の存在自体に疑問を提起するものとなっている。その意味で、本判決によると、本件には、原判決が前提としたような実質支配類型の構造が存在したといえるのか疑問があるというわけである。

　北國銀行事件・差戻し後の控訴審判決・名古屋高裁平成17年判決[35]は、B信用保証協会の「事務処理者」の立場にない被告人Xが、本件代位弁済に関して、B信用保証協会の役員Yらに対してなした要請・働きかけが「著しく相当性を欠き」、B信用協会役員Yらに「背任行為を強いる危険が高い」など「経済取引上の交渉事として社会的に容認される限度」を超えない限り、B信用保証協会の事務処理者YらがB信用保証協会に対する背任罪の刑事責任を問われる場合であっても、被告人Xに対して、「背任罪の共謀共同正犯の責任を問うことはできない」としており、それを根拠づけるものとして、「A銀行とB協会とは利害が相反する『対向関係』にある」という構造の存在に着目したと解することができよう。本件では、本件代位弁済に関して、A銀行のXが、同銀行のB信用保証協会に対する立場を利用して、同信用保証協会の役員Yらに対し、「背任行為を強いる危険が高い」働きかけ、つまり、実質支配の加功行為を行うことができるような構図が存在していなかったことが、無罪判決の前提となっていると考えられるのである。

　拓殖銀行特別背任事件・札幌高裁平成18年判決[36]は、先に紹介したJHL不正融資‐オクト社事件・最高裁平成15年決定[37]の示した規準に従って判示

35)　北國銀行事件・差戻し後の控訴審判決・名古屋高判平成17・10・28高裁刑事裁判速報集平成17・285。
36)　拓殖銀行特別背任事件・札幌高判平成18・08・31刑集63・9・1486、判タ1229・116。
37)　JHL不正融資‐オクト社事件・最決平成15・02・18刑集57・2・161、判タ1118・100。本書17

しており、しかも、借手 X の行為につき、脅迫的言動が存在していたことを認定するとともに、融資側の Y1・Y2 との利害が共通化していたこと、及び、融資側が継続融資をせざるをえない状況をも利用していたことを重視しており、実質支配類型と利害共通類型とにまたがる判例といえよう。

③ 積極的働きかけ類型

⑦ 具体的指示型

石川銀行事件・最高裁平成20年決定[38]は、被融資側の借手 X が本件融資を引き出すために行った行為、具体的には、本件融資の前提となる再生スキームを自ら融資側の Y に提案したこと、本件ゴルフ場の担保価値を大幅に水増しする不動産鑑定評価書を作らせたこと、本件ゴルフ場の譲渡先となる C 社を新たに設立し、Y らと融資条件について協議したことするなどを認定したうえで、「本件融資の実現に積極的に加担した」ものであり、「被告人は Y らの特別背任行為について共同加功したものと評価することができる」としたものである。

① 隠蔽工作型

大審院昭和4年判決[39]の事案では、非身分者 X は、事務処理者 Y に任務違背行為を促すにあたり、不正廉価での売り渡し行為を隠蔽する商品仕入簿の改竄を教示しており、非身分者 X が事務処理者 Y の任務違背行為を積極的に働きかけたことを重視したものと解される。しかも、本判決は、「教唆者が教唆行為を為したる後、自ら被教唆者と其の実行を共にするに至りたる場合に於て、前の教唆行為が後の正犯行為に吸収合一せらる」とも判示しており、本件の X が、単に共謀共同正犯において任務違背行為に共同加功したというにとどまらず、あたかも Y の任務違背の実行行為を共に遂行した実行共同正犯であるかのような判示表現をしている点が注目される。また、背任罪のように、行為者に一定の身分があることによって構成される構成身分犯において、非身分者が身分者の行為に共同加功した場合、刑法65条1項により、非身分者にも身分者に成立する犯罪の共同正犯が成立し、その犯罪の刑で処断されるとする構成が採られるのが一般的であり、本判決も、この構成をそのまま適用している。

　　頁以下参照。

38) 石川銀行事件・最決平成20・05・19刑集62・6・1623、判時2047・159、判タ1301・126。

39) 大判昭和4・04・30刑集8・207。

46　第1章　判例及び学説の検討

　㋒　**リベート指嗾型**　　東京高裁昭和30年判決[40]の要点は、背任罪は刑法65条1項にいう犯人の身分により構成すべき犯罪であるが、身分のない者でも身分ある背任行為者と共謀関係にあるときは、刑法65条1項の共同正犯の罪責を負うとした点にあり、戦前の大審院時代からの共同正犯・共犯と身分に関する一般的な理解をそのまま妥当させたことにある。しかも、借手が、融資側のB銀行の債権回収が一挙に解決できるとか、将来設立する会社の重役として迎えるとかなどといろいろ「勧説に努力した」という事情を重視するリベート指嗾型の判例に分類できるだけでなく、「手形保証が内規により禁止されていたことや、支払保証がその任務に反することを熟知していた」などの主観事情も考慮しており、主観重視類型の判例にもまたがるものである。

　㋓　**総合積極的働きかけ型**　　富士銀行背任事件・最高裁昭和57年判決[41]は、A社の個人経営者X、B銀行のYだけでなく、Xに雇われて会社の資金繰り業務を担当していた取締役S及び同じく営業面を担当していたTにつき背任罪の共謀共同正犯の成立を肯定した原判決を破棄し、被告人S・Tには、主導的役割をしたXに成立する背任罪の共同正犯を肯定できるような利得目的もなく、その役割も従的なものにとどまっており、それゆえ、背任罪の共謀共同正犯の成立に必要な積極的な関与が認められないとし、X主導で、かつ融資側の事務処理者Yを介してなされた本件不正融資を幇助したにすぎないとした。ここでは、被告人S・Tにつき、背任罪の共謀共同正犯を認めることができる積極的な共同加功が、主観・客観の総合的判断によっても認定できないことが判示されたものと思われる。

　④　**内部者類型**　　大審院昭和8年判決[42]では、被融資側の立場にある被告人Xが、同時に、融資側であるA証券株式会社の従業員であり、しかも、株式売買係であったという事情が考慮されたものといえよう。そして、本判決は、背任罪は犯人の身分により構成される構成身分犯であり、その身分のない者が背任行為者と共謀して「背任罪構成要件たる行為の一部に加功

40）東京高判昭和30・10・11高刑集8・7・934、判タ53・56。
41）富士銀行背任事件・最高裁昭和57・04・22裁判集刑227・75、判時1042・147。
42）大判昭和8・09・29刑集12・1683。

した」以上、刑法65条1項により、身分のない者も背任罪の共同正犯の罪責を負うものとしており、構成身分犯と共同正犯に関する一般原則をそのまま適用して借手の罪責を導き出している。ただ、本判決では、「背任罪構成要件たる行為の一部に加功した」・「同罪の構成条件たる行為の一部に加功したる」という判示表現が見られるのが注目される。この表現を、借手が「現に背任罪の実行行為の一部を行った」と解するならば、本件は実行共同正犯の事案ということになるが、そうではなく、「貸手と共謀し、貸手の任務違背の実行行為の一部に加担したにすぎない」と解するならば、本件は共謀共同正犯の事案ということになる。この点をどのように解するかは、借手の刑事責任に関する方向及び（特別）背任罪の本来の射程範囲を決めることになろう。

　大阪地裁平成25年判決[43]の事案は、A学園の実質的な支配者である被告人Xが、自らの利益を図る目的で、事務処理者Yらと共謀して、被告人自身に不正な貸付を行ったというもので、融資を受ける側の借手が、実質的に見て融資側のA学園の顧問でもあったという事案である。本判決は、被告人Xは背任罪にいう「事務処理者」であると認定し、事務処理者Xが他の事務処理者Yらと共謀して背任行為を共同して遂行したと認定している。すなわち、本判決は、被告人Xを背任罪の主体である「事務処理者」と解し、他の事務処理者Yらと共同して任務違背行為を実行したと認定したものと考えられる。換言すれば、本判決は、被告人Xは融資側のA学園の顧問にすぎないけれども、A学園の支配的な実権を握っていたのであるから、刑法上、「事務処理者」と解することができるとしたものと考えられるのである。ここでは、典型的な「刑法上の事務処理者」のほかに、「事実上の事務処理者」が観念され、事務処理者概念の拡大が図られているということができる。

　⑤　**利害共通類型**　　JHL 不正融資 - オクト社事件・東京地裁平成11年判決[44]は、融資担当者の「融資の申し込みには応じざるを得ない事情」を利用した状況、逆に、被融資者から言えば、「それまでの累積的な借入によって

---

43) 大阪地判平成25・11・22D1-Law.com 判例体系：28222712／ LLI/DB 判例秘書：L06850687。
44) JHL 不正融資 - オクト社事件・東京地判平成11・05・28刑集57・2・210、判タ1031・253。

融資担当者を右のような状況に追い込んだともみられる」状況のもと、融資担当者と被融資者とは、「法律的な立場としては対立」してはいても、「融資を継続すること自体の利害が融資担当者と被融資者との間で共通化」していることに、被融資者に特別背任罪の共同正犯を肯定する基盤があるとしている点が注目される。

イトマン絵画取引事件・最高裁平成17年決定[45]は、本件取引行為の任務違背性、加害性の認識という主観面を考慮しただけでなく、客観的に、「Ｙにとっては、被告人Ｘに取引上の便宜を図ることが自らの利益にもつながるという状況」を利用して「本件各取引を成立させたとみること」ができるとして、被告人と取引相手方との利害が共通している点も考慮しており、利害共通類型と主観重視類型の双方にまたがる判例と位置づけることができよう。

⑥　**主観重視類型**　　千葉銀行特別背任事件・最高裁昭和40年判決[46]は、借手に特別背任罪の共同正犯が成立するには、「身分のある者について同罪が成立するのに必要な任務違背の認識と同じ程度の任務違背の認識」が必要であるとしたうえで、「任務を有する者が抱いた任務違背の認識と略同程度の任務違背の認識を有することを必要とする」とし、借手にはその認識が十分にはなかったなどとして第一審の有罪判決を破棄して無罪判決を言い渡した控訴審判決[47]を維持した。控訴審判決、及びそれを維持した本判決が、被融資側（借手）の主観的事情を重視して借手の罪責を判断したのは明らかであり、主観限定説に分類することができる。しかし、（特別）背任罪について、本判決のいう、「身分者に必要な任務違背の認識と同じ程度の任務違背の認識」をどのように解するかによって、その結論も変わることになろう。例えば、⑦借手をいったん融資側の貸付事務処理者の立場に置き、身分者である貸付事務処理者に必要な任務違背の認識と同じ内容・程度のものが要求されると解するならば、その認識内容は貸付事務処理者に必要な認識内容とそれほど違わないこととなり、それはいわゆる単純な悪意者に近いものとな

---

45) イトマン絵画取引事件・最決平成17・10・07刑集59・8・1108、判時1914・157、判タ1197・148。
46) 千葉銀行特別背任事件・最判昭和40・03・16裁判集刑155・67。
47) 千葉銀行特別背任事件・東京高判昭和38・11・11（判例集不登載）。

ろう。しかし、本件控訴審判決のように、㋑「銀行の立場・第三者の立場を離れ、銀行頭取（貸付事務処理者）の有する任務違背の認識とは独立して、借受人の立場を中心として判断しなければならない」ことを前提にしたうえで、借手の立場に要求される認識の内容・程度は、本件貸付事務処理者に必要な認識の内容・程度に上乗せされたものでなければならないとすると、借手の立場に要求される「身分者（貸付事務処理者）に必要な任務違背の認識と同じ程度の任務違背の認識」は、相当に高度な認識の内容・程度ということになり、いわゆる背信的悪意者に近いものとなろう[48]。

　第一相互銀行事件・東京地裁昭和40年判決[49]は、㋐ B 銀行代表取締役社長 Y1、同銀行常務取締役 Y2、株式会社 A1社代表取締役 X1が、共謀のうえ、右 A1の利益を図る目的をもって、Y1、Y2において同銀行役員として任務に背き、約 2 年弱の間に97回にわたり、右 A1に対し B 銀行資金 1 億9,370万円余りの貸し付けをした部分について、財産上の損害を加えたものと認められないこと、図利・加害目的や任務違背性を欠くことなどの理由で一部無罪としたが、有罪部分については、本件融資行為の任務違背性、財産上の損害をもたらす加害性についての認識、及び図利・加害目的が主な争点となっており、主観重視類型の判例に分類しても不当ではないであろう。

　福岡地裁平成 3 年判決[50]は、借手が融資側の貸付事務処理者の任務を熟知しながら、貸付事務処理者と共謀したという事情を重視しており、主観的認識を重視した主観重視類型に分類することができる。また、本判決は、構成身分犯に関する共同正犯の成否につき、共同正犯と身分に関する刑法65条 1 項の一般原理をそのまま適用している。なお、本判決についての1996年（平成 8 年）の上告審・最高裁平成 8 年決定[51]では、控訴審・福岡高裁平成 4 年判決[52]におけると同じく、「財産上の損害」概念が主な争点となっていた。

　上告審の最高裁決定は、「財産上の損害」概念について、職権により、次

---

48) その意味で、ここには、不動産の二重譲渡（二重売買）と同じ構図が見てとれる。佐伯仁志「民法と他領域(3)刑法」内田貴＝大村敦志編『民法の争点』（2007年）13頁参照。
49) 第一相互銀行事件・東京地判昭和40・04・10判時411・35。
50) 福岡地判平成 3 ・01・31刑集50・ 2 ・192。
51) 最決平成 8 ・02・06刑集50・ 2 ・129、判時1562・133、判タ905・134。
52) 福岡高判平成 4 ・05・13刑集50・ 2 ・202。

50 第1章 判例及び学説の検討

のように判示している。

「原判決によれば、一部の手形を除き、手形の保証と引換えに、額面金額と同額の資金が同社名義の同銀行当座預金口座に入金され、同銀行に対する当座貸越債務の弁済に充てられているが、右入金は、被告人と右支店長との間の事前の合意に基づき、一時的に右貸越残高を減少させ、同社に債務の弁済能力があることを示す外観を作り出して、同銀行をして引き続き当座勘定取引を継続させ、更に同社への融資を行わせることなどを目的として行われたものであり、現に、被告人は、右支店長を通じ、当座貸越しの方法で引き続き同社に対し多額の融資を行わせているというのである。右のような事実関係の下においては、右入金により当該手形の保証に見合う経済的利益が同銀行に確定的に帰属したものということはできず、同銀行が手形保証債務を負担したことは、右のような入金を伴わないその余の手形保証の場合と同様、刑法（平成7年法律第91号による改正前のもの）247条にいう『財産上ノ損害』に当たると解するのが相当であって、これと同旨の原判断は、正当である。」

東京佐川急便暴力団関係事件・東京地裁平成5年判決[53]は、判決文で明らかなように、東京佐川急便との交渉という重要な役割を当初から一貫して果たしていたという客観事情のほかに、「新たな保証や貸付けに応じなければ2社が倒産し、Y・Zが苦境に陥る結果となるのを熟知しながら、あえて右両名に任務違背行為を要請している」ことを考慮しており、いわば融資の加害性を確定的に認識していたという主観事情を重視している点で、主観重視類型の判例に位置づけることができる。

佐川急便平和堂関係事件・東京地裁平成5年判決[54]は、本件不正融資行為に係る任務違背性及び損害発生の加害性についての融資側Y及び被融資側Xの認識、Yの図利加害目的についての被融資側Xの認識とX自身の図利加害目的が争点となったこともあって、これら主観事情についての認定が精密になされている。

また、福岡高裁平成21年判決[55]で注目されるのは、身分者と非身分者との

───────────────

53) 東京佐川急便暴力団関係事件・東京地判平成5・06・17判タ823・265。
54) 佐川急便平和堂関係事件・東京地判平成5・12・09判タ854・291。

間に経済的利害が相対立する緊張関係が存在している場合は、自由な経済取引保護の観点から、非身分者の認識は「明確な認識」・「確定的な認識」でなければならないが、何らかの理由でこのような緊張関係が消失している場合は、未必的認識で足りるとしている点である。すなわち、「身分者と非身分者との間に経済的利害が相対立する緊張関係」の存否に応じて、非身分者に要求される認識を「通常の（未必的）認識」と「明確な認識」・「確定的な認識」とに類別している点が注目されるのである。

拓殖銀行特別背任事件・最高裁平成21年決定[56]は、その決定文から明らかなように、職権判断により、融資側のY1・Y2の任務違背性及びそのことについての認識を慎重に認定しており、それと対向する利害関係にある被融資側のXにつき、Y1・Y2の任務違背行為について、その認識を限定する観点を導入しているわけではない。むしろ、融資側のY1・Y2の任務違背性及びそのことについての認識が肯定されれば、共同正犯関係にある被融資側のXについても、自ずと同じように肯定されることになるのであって、被融資側の主観要素についてあえて言及するまでもないと考えているのではないと思えるほどである。

(2) 小 括

① **判例の傾向**　以上、不正融資における借手の刑事責任、特に（特別）背任罪の共同正犯の成否が争点となった判例について、当該判例がどのような考え方を採ったのか、どのような規準を用いたのか、どのような事情を考慮したのかの観点から分類して紹介し、考察した。

それぞれ類型化された判例については、以下のような傾向を看取することができよう。

ⓐ **非限定類型**　まず、不正融資の借手の刑事責任につき特別な考慮をしない「非限定類型」の判例があり、構成身分犯と共同正犯に関する一般原則をそのまま適用して借手の刑事責任を導き出している大審院昭和13年判決[57]、及び、身分のない者が身分ある者の背任行為に加功したときは、その

55）福岡高判平成21・04・10高裁刑事裁判速報集平成21・284。
56）拓殖銀行特別背任事件・最決平成21・11・09刑集63・9・1117、判時2069・156、判タ1317・142。
57）大判昭和13・04・08法律新聞4282・16、法律学説判例評論全集27・刑法98。

者もまた背任罪の罪責を連帯負担すべきであるとする大審院昭和14年判決[58]の判例をこれに分類できるのであり、いずれの判決も背任罪の共同正犯を肯定している。

ⓑ **実質支配類型**　次に、借手が融資側の役職員などの貸付事務処理者に対し、その弱みにつけ込むなどの威迫的手段やリベートの提供などの硬軟両様の方法を用い、融資側を実質的支配下に置いていた事情を重視する「実質支配類型」の判例があり、威圧的な手段を用いる一方で、謝礼を申し出たり、多額の物品や高額の残高のある預金通帳を贈って同人の懐柔を図るなど硬軟両様の方策を弄した第一勧業銀行不正融資事件の東京地裁平成元年判決[59]及び同事件の東京高裁平成2年判決[60]、融資側の欲求に巧みに乗じて融資を引き出し、融資側の弱みにつけ込んだと認定されたイトマン・マスコミ対策関連融資特別背任事件・大阪地裁平成6年判決[61]、「自らも被告人Yの権力を背景に社員らに対し、社長の指示・意向であるとして買付を余儀なくさせ、被告人Yの任務違背行為に積極的に加功している」との認定がなされている三越事件の第一審・東京地裁昭和62年判決[62]、控訴審・東京高裁平成5年判決[63]及び上告審・最高裁平成9年決定[64]、身分者側が融資に応じざるを得ない状況にあることを利用したとみなし得ると認定したJHL不正融資-オクト社事件・最高裁平成15年決定[65]、及び、借手Xの行為につき、脅迫的言動の存在を認定するとともに、融資側のY1・Y2との利害の共通性、融資側が継続融資をせざるをえない状況の利用をも重視した拓殖銀行特別背任事件・札幌高裁平成18年判決[66]がこの類型に属するが、いずれも（特別）背任罪の共同正犯を肯定している。

58）大判昭和14・12・22法律学説判例評論全集29・刑法30。

59）第一勧業銀行不正融資事件・東京地判平成元・06・05経済取引関係裁判例集（刑事裁判資料261）392。

60）第一勧業銀行不正融資事件・東京高判平成2・03・22経済取引関係裁判例集（刑事裁判資料261）411。

61）イトマン・マスコミ対策関連融資特別背任事件・大阪地判平成6・01・28判タ841・283。

62）三越事件・東京地判昭和62・06・29判時1263・56。

63）三越事件・東京高判平成5・11・29判刑集47・2・55、判タ851・122。

64）三越事件・最決平成9・10・28裁判集刑272・93、判時1617・145、判タ952・203。

65）JHL不正融資-オクト社事件・最決平成15・02・18刑集57・2・161、判時1819・155、判タ1118・100。

66）拓殖銀行特別背任事件・札幌高判平成18・08・31刑集63・9・1486、判タ1229・116。

他方、類似の規準を用い、「金融機関職員の任務に違背することを明確に認識しながら背任行為について意思の連絡を遂げた」という主観要件とともに、客観要件である共同実行の事実、すなわち、「金融機関職員に影響力を行使し得るような関係の利用」や、「社会通念上許容されないような方法の利用」を用いるなどして、「当該職員の背任行為を殊更に利用して借り手側の犯罪としても実行させた」と認められるような客観的な共同加功を要求し、本件ではこれが認められないとして特別背任罪の共同正犯を否定したJHL 不正融資 - 高峰リゾート開発事件・東京地裁平成12年判決[67]、及び同様の規準を提示する JHL 特別背任事件・東京地裁平成13年判決[68]、さらに、「被告人 X が協会に対する負担金の拠出に応じないことを利用して代位弁済を強く求めることができたかどうか、については疑問がある」として、有罪判決を下した原判決を破棄・差し戻した北國銀行事件・最高裁平成16年判決[69]と、その差し戻し後の名古屋高裁平成17年判決[70]がこの類型に属するが、いずれも（特別）背任罪の共同正犯の成立を否定している。

　ⓒ　**積極的働きかけ類型**　　さらに、不正融資において、借手が、融資側の役職員などの貸付事務処理者に積極的に働きかけて貸付事務処理者に任務違背行為を行わせ、あるいはそれを強いたとする「積極的働きかけ類型」の判例がある。

　その中には、⑦借手が融資側の貸付事務処理者に対し、犯行計画や手口などを具体的に指示していたという事情を重視する 「具体的指示型」の判例があり、本件融資の前提となる再生スキームを自ら提案し、本件ゴルフ場の担保価値を大幅に水増しする不動産鑑定評価書を作らせ、本件ゴルフ場の譲渡先となる C 社新たに設立するなど、「本件融資の実現に積極的に加担した」ものと認定する石川銀行事件の第一審・金沢地裁平成16年判決[71]、控訴審・名古屋高裁金沢支部平成18年判決[72]及び上告審・最高裁平成20年決定[73]

---

67) JHL 不正融資 - 高峰リゾート開発事件・東京地判平成12・05・12判タ1064・254。
68) JHL 特別背任事件・東京地判平成13・10・22判時1770・3。
69) 北國銀行事件・最判平成16・09・10刑集58・6・524、判時1875・148、判タ1167・106。
70) 北國銀行事件・名古屋高判平成17・10・28高裁刑事裁判速報集平成17・285。
71) 石川銀行事件・金沢地判平成16・12・27刑集62・6・1727。
72) 石川銀行事件・名古屋高裁金沢支部判平成18・09・05刑集62・6・1772。
73) 石川銀行事件・最決平成20・05・19刑集62・6・1623、判時2047・159、判タ1301・126。

がこの型に属し、いずれも特別背任罪の共同正犯を肯定している。

　また、⑦借手が融資側の貸付事務者と一緒になって隠蔽工作などをしていたという事情を重視する「隠蔽工作型」の判例があり、不正廉価での売り渡し行為を隠蔽する商品仕入簿の改竄を教示するなどがあった大審院昭和4年判決[74]がこの型に属し、背任罪の共同正犯を肯定している。

　さらに、⑰借手が融資側の貸付事務者に対し、リベートの提供、将来の有利な地位の約束などを申し出て、任務違背行為の実行を指嗾・慫慂したという事情を重視する「リベート指嗾型」の判例があり、借手が、融資側のB銀行の債権回収が一挙に解決できるとか、将来設立する会社の重役として迎えるとかなどと「いろいろ勧説に努力した」という事情を重視した東京高裁昭和30年判決[75]がこの型に属し、背任罪の共同正犯を肯定している。

　そして、⑰「総合積極的働きかけ型」の判例があり、主観要件の図利加害目的による共謀も、客観要件の、共謀に基づく積極的な働きかけ行為も認められないとして、背任罪の共謀共同正犯ではなく、本罪の従犯の成立にとどめている富士銀行背任事件・最高裁昭和57年判決[76]がこの型に属するといえよう。

　ⓓ　**内部者類型**　　また、被告人は融資側の金融機関の貸付事務処理者ではないが、融資側の役職員・従業員などの内部者であり、金融機関の内規、事務処理者の任務内容などの内部事情を熟知し、それに精通しているという事情を重視する「内部者類型」の判例があり、被融資側の立場にある被告人が、同時に融資側である証券会社の従業員でもあったという事案に関する大審院昭和8年判決[77]、及び、学園の実質的な支配者である被告人が、自らの利益を図る目的で、事務処理者Yと共謀して、被告人自身に不正な貸付を行ったという事案に関する大阪地裁平成25年判決[78]はこの類型に分類でき、いずれも背任罪の共同正犯を肯定している。

　ⓔ　**利害共通類型**　　不正融資において、被融資側の借手と融資側の貸付

74）大判昭和4・04・30刑集8・207。
75）東京高判昭和30・10・11高刑集8・7・934、判タ53・56。
76）富士銀行背任事件・最判昭和57・04・22裁判集刑227・75、判時1042・147。
77）大判昭和8・09・29刑集12・1683。
78）大阪地判平成25・11・22D1-Law.com 判例体系：28222712／LLI/DB 判例秘書：L06850687。

事務処理者との間で、融資や継続融資をすること自体の利害が共通化しており、そうした関係にあることを利用して不正融資がなされたという事情を重視する「利害共通類型」の判例があり、被融資者は、「それまでの累積的な借入によって融資担当者を右のような状況に追い込んだともみられる」状況のもと、「融資を継続すること自体の利害が融資担当者と被融資者との間で共通化」したとする JHL 不正融資 - オクト社事件の第一審・東京地裁平成11年判決[79]、控訴審・東京高裁平成12年判決[80]、さらに、客観的に、「事務処理者 Y にとっては、相手側 X に取引上の便宜を図ることが自らの利益にもつながるという状況」を利用して「本件各取引を成立させた」と認定するイトマン絵画取引事件の第一審・大阪地裁平成13年判決[81]、控訴審・大阪高裁平成14年判決[82]及び上告審・最高裁平成17年決定[83]がこの類型に属すと考えられ、いずれも特別背任罪の共同正犯を肯定している。

　　(f)　**主観重視類型**　　そして、比較的多いのが、不正融資において、借手が融資側の貸付事務処理者の任務違背行為の背任性、図利加害目的、融資の加害性を確定的に認識していたなどの主観事情を重視する「主観重視類型」の判例であり、「任務を有する者が抱いた任務違背の認識と略同程度の任務違背の認識を有することを必要とする」として特別背任罪の共同正犯の成立を否定した千葉銀行特別背任事件・東京高裁昭和38年判決[84]、これを維持する上告審・最高裁昭和40年判決[85]、任務違背性・加害性についての認識及び図利・加害目的を慎重に認定する第一相互銀行事件・東京地裁昭和40年判決[86]、借手が融資側の貸付事務処理者の任務を熟知しながら、貸付事務処理者と共謀したという事情を重視する福岡地裁平成3年判決[87]、融資行為の加

---

79) JHL 不正融資 - オクト社事件・東京地判平成11・05・28刑集57・2・210、判タ1031・253。
80) JHL 不正融資 - オクト社事件・東京高判平成12・07・12刑集57・2・271。
81) イトマン絵画取引事件・大阪地判平成13・03・29刑集59・8・1170。
82) イトマン絵画取引事件・大阪高判平成14・10・31刑集59・8・1307、判時1844・123、判タ1111・239。
83) イトマン絵画取引事件・最決平成17・10・07刑集59・8・1108、判時1914・157、判タ1197・148。
84) 千葉銀行特別背任事件・東京高判昭和38・11・11（判例集不登載）。
85) 千葉銀行特別背任事件・最判昭和40・03・16裁判集刑155・67。
86) 第一相互銀行事件・東京地判昭和40・04・10判時411・35。
87) 福岡地判平成3・01・31刑集50・2・192。

56 第1章 判例及び学説の検討

害性を確定的に認識しているという主観事情を重視している東京佐川急便暴力団関係事件・東京地裁平成5年判決[88]、任務違背行為の背任性、図利加害目的、融資の加害性の認識を慎重に認定する佐川急便平和堂関係事件・東京地裁平成5年判決[89]、さらに、非身分者の認識は明確な認識、確定的な認識でなければならないが、何らかの理由でこのような緊張関係が消失している場合は未必的認識で足りるとする福岡高裁平成21年判決[90]、そして、融資側につき任務違背性とその認識を慎重に認定している拓殖銀行特別背任事件・最高裁平成21年決定[91]が、この類型に属するといえよう。

②　**判例の要約**　以上、判例が考慮する事情をもとに見たとき、次のように統括することができる。

ⓐ　**関係重視の判例**　これは、身分者（事務処理者）と非身分者との間に存在する特別な関係が、（特別）背任罪の共同正犯を根拠づけるとするものである。これに統括できるのは、「利害共通類型」の判例と「内部者類型」の判例である。

前者の「利害共通類型」の判例は、身分者と非身分者との間に融資につき相互依存関係が存在している限りで、（継続）融資という任務違背行為自体に両者の利害が共通化しており、こうした関係を利用して不正融資がなされた以上、（特別）背任罪の共同正犯が認められるとするものである。

また、後者の「内部者類型」の判例は、非身分者は身分者・金融機関の側の事務処理者ではないが、融資側の役職員・従業員などの内部者であるとともに、金融機関の内規、事務処理者の任務内容などの内部事情を熟知し、それに精通しているという事情を重視し、そうした客観状況が主観にも反映されていることを考慮して、（特別）背任罪の共同正犯の成立を肯定しようとするものである。

ⓑ　**客観重視の判例**　これは、非身分者の加功行為という客観面が（特別）背任罪の共同正犯を根拠づけていると判断するものである。これに統括

---

88) 東京佐川急便暴力団関係事件・東京地判平成5・06・17判タ823・265。

89) 佐川急便平和堂関係事件・東京地判平成5・12・09判タ854・291。

90) 福岡高判平成21・04・10高裁刑事裁判速報集平成21・284。

91) 拓殖銀行特別背任事件・最決平成21・11・09刑集63・9・1117、判時2069・156、判タ1317・142。

できるのは、「実質支配類型」の判例と「積極的働きかけ類型」の判例である。

前者の「実質支配類型」の判例は、非身分者が身分者に対し、威迫的手段を用いるとともに、利益の提供、将来の地位の提供を約束するなど硬軟両様の方策を用い、身分者を実質的支配下に置いたという事情を重視するものである。

また、後者の「積極的働きかけ類型」の判例は、非身分者が、身分者側に積極的に働きかけて任務違背行為を行わせ又はそれを強いたとするもので、具体的に、⑦非身分者が身分者に対し、犯行計画・手口などを具体的に指示していたという事情を重視する「具体的指示型」、⑦非身分者が身分者と一体となって隠蔽工作などをしていたという事情を重視する「隠蔽工作型」、⑦非身分者が身分者に対し、リベートの提供、将来の有利な地位の約束などをして、任務違背行為の実行を指嗾・慫慂したという事情を重視する「リベート指嗾型」、そして、⑦全体総合的な認定として積極的な働きかけをしたと認定する「総合積極的働きかけ型」の判例がある。

ⓒ **主観重視の判例**　これは、非身分者の主観的認識面を重視して、(特別) 背任罪の共同正犯を根拠づけるものである。これに統括できるのは、すでに明らかなように、「主観重視類型」の判例である。この類型の判例は、身分者の任務違背行為の背任性、図利加害目的、融資の加害性を「確定的に認識していた」、「明確に認識していた」などの主観事情を重視するものである。

以上のように、判例を通観したとき、判例は、不正融資における借手（非身分者）の刑事責任について、これを厳格に限定しようとする考え方を採っていると断定することはできないけれども、少なくとも、近時の判例において、慎重な認定を行おうとしている傾向は看取できるのではないかと考える。これらの判例は、いずれもその帰結が事実認定の如何にかかっており、(特別) 背任罪の共同正犯の成否に係る理論構成の問題というよりも、むしろ事案における事実認定の問題として処理していることは明らかである。その限りで、不正融資における具体的事実関係や、当該事案の特殊事情・個別事情を考慮して事案を処理している傾向が強いといえよう。

第3　学説の検討

1　はじめに
(1)　借手への配慮

　1960年代半ばになると、学説において、不正融資における借手の刑事責任を限定する必要性を説く論述が散見されるようになる。例えば、次のような論述がこれである。

　　「共同正犯の成立し得るのは、丙（借手）において、甲（銀行の役職者・貸付人）の具体的な任務違背行為につき、その任務違背性の意味をふくめて、甲と意思を通じ、あるいはこれを慫慂したときに限ると解すべきであろう。おなじ意味あいから、丙を背任罪についての教唆犯と認めることも、例外的事情が存する場合に限定される。」[1]

　また、1990年代の後半に入ると、判例評釈や論文の中で、（特別）背任罪の共同正犯の成立を限定する具体的な理論構成が試みられ[2]、さらに、2000年代に入ると、「取引の自由と安全」を保障するためには、取引において対向的に相手に対して義務を負うにすぎない者は、背任罪でいう「他人のためその事務を処理する者」とはいえないのであり、「本人に対する忠誠義務を欠き、『任務違背』もなしえないのが原則である」[3]こと、また、非身分者である借手の関与が、「対向的な取引・利害関係中にある一般的な事務処理者の自律性を失わせる程度には至っていない場合」[4]であることを根拠に、借手について（特別）背任罪の共同正犯の成立を否定する見解も主張されるよ

---

1) 藤木英雄『経済取引と犯罪』（1965年）242頁。藤木英雄氏は、この引用した論述の後で、千葉銀行事件・東京高判昭和38・11・11（判例集不登載）を紹介しており、この判決に触発されて、この問題を考察したものと思われる。

2) 例えば、柴田牧子・上智大学・上智法学論集39巻1号（1995年）359頁以下、上嶌一高『背任罪理解の再構成』（1997年）238頁以下、上嶌一高「不良貸付と特別背任罪」西田典之編『金融業務と刑事法』（1997年）128頁以下、星周一郎・東京都立大学・法学会雑誌38巻1号（1997年）617頁以下、佐々木正輝・警察学論集51巻6号（1998年）197頁以下、中森喜彦「背任罪の共同正犯」研修609号（1999年）3頁以下など。

3) 長井圓「背任罪における自己答責原理と取引相手に対する共犯の成否」神奈川大学・神奈川法学35巻3号（2002年）128〜129頁。

4) 伊東研祐「特別背任罪における正犯性」『板倉宏博士古稀祝賀・現代社会型犯罪の諸問題』（2004年）286頁。

うになるのである。

　筆者自身も、甲会社代表取締役であった被告人が、乙銀行支店長と共謀の
上、約束手形を振り出しても自らこれを決済する能力を欠く状態になってい
たにもかかわらず、甲会社が振り出した約束手形に同銀行をして手形保証を
させた事案につき、被告人に背任罪の共同正犯の成立を認めた1996年（平成
8年）の最高裁判所決定[5]についての評釈において、不正融資における借手
の刑事責任を限定する理論構成として、「事実的対向犯（事実上の対向犯）」の
構成を提示し、片面的対向犯における一方関与者不処罰の根拠・理由を援用
して不処罰とすべきことを主張した[6]。また、2002年（平成14年）には、前稿
の見解を一部改め、背任罪の処罰対象は任務違背の行為そのものであるこ
と、任務違背行為はもっぱら貸付事務処理者によって行われ、借手は実行行
為に直接加功できないこと、借手と金融機関・事務処理者との利害は対立・
対向しており、対向的な取引関係にある者相互間の対向的信任関係は背任罪
の基礎となりえないこと、そして、借手の行為は違法性が低減しており、期
待可能性も低いことなどから、借手に本罪の共同正犯を認めるのは適当でな
いこと[7]を論述した。さらに別の機会には、不正融資における借手の刑事責
任をめぐる学説の状況を分類・整理し、批判的に検討した[8]。

　近時、学説では、借手の刑事責任を限定ないし否定する必要性を意識して
理論構成することが支配的となっており、この分野における研究の成果が蓄
積されつつある。例えば、以下の論述は、借手の刑事責任を限定すべきこ
と、あるいは、否定すべきことを明確に主張しているのである。

　　「不良貸付けが背任罪を構成する場合、借り受けた者はつねに共同正犯
　　や幇助犯となるとすることにも疑問がある。経営困難に陥った経営者
　　が、企業再建に向けての努力をすること自体は、状況に応じて、許容さ

5）最決平成8・02・06刑集50・2・129、判タ905・134。
6）関哲夫／佐々木史朗編『特別刑法判例研究第1巻』（1998年）180頁以下（初出は、判タ927号
　〔1997年〕56頁以下）参照。しかし、事実的対向犯の構成は維持しつつ、片面的対向犯におけ
　る一方関与者不処罰の根拠については私見の見解を改めた。その点については、本書・118頁
　以下を参照。
7）関哲夫「背任罪の共同正犯についての一考察」『刑事法の理論と実践——佐々木史朗先生喜寿
　祝賀』（2002年）347頁以下参照。
8）関哲夫「不正融資における借手の刑事責任（背任罪・特別背任罪）に関する学説の検討」国士
　舘大学・國士舘法学38号（2006年）258頁以下参照。

れるだけでなく、社会的な義務ですらある」[9]として借手の刑事責任を限定すべきとする見解や、「背任罪にいう事務処理者の身分を持つ理事達に期待される機能／義務の謂わば存在自体が、非身分者が関与した場合に結果の帰属を凡そ遮断し、その刑事責任を排除する機能を有するように思われる。」[10]としてそれを否定すべきとする見解。

しかし、他方で、借手の刑事責任を限定すること、または否定することを全く顧慮しない見解も、依然として主張されているのである[11]。

⑵ 学説の分類

以下では、不正融資における借手の刑事責任に関する学説を分類・整理し、私見の立場から検討していきたい[12]が、その前に、あらかじめ学説分類の視点を明らかにしておきたい。

① **総論的アプローチ・各論的アプローチ**　借手の刑事責任を限定するための理論構成に関する学説を分類する際に、その「入口」の分類規準として、総論的アプローチと各論的アプローチがある。

総論的アプローチとは、借手の刑事責任、具体的には、貸手の（特別）背任罪に対する共同正犯・共犯の成否の問題を、例えば、共同正犯の正犯性、共同正犯・共犯と身分、故意一般などの刑法総論の視点から検討しようとするアプローチである。

これに対し、各論的アプローチとは、借手の刑事責任の問題を、（特別）背任罪に固有の問題として考察し、いわば刑法各論の視点から検討しようとするアプローチである。

② **客観面・主観面**　学説分類の具体的規準については、犯罪論体系における「客観から主観へ」の思考順序に従って分類するのが適当と考える。すなわち、客観面を重視する見解と、主観面を重視する見解とに分け、この順序に従って検討していくのが適当なのである。

---

9) 林幹人「背任罪の共同正犯」判時1854号（2004年）3頁。

10) 伊東研祐・注4文献・277頁。

11) 例えば、大谷實『刑法講義総論』（新版第4版・2013年）453頁、川端博『刑法各論講義』（第2版・2010年）433頁以下、山中敬一『刑法各論』（第3版・2015年）468頁、高橋則夫『刑法各論』（第2版・2014年）409頁など。

12) 私見の内容については本書115頁以下を、私見に対する批判及びそれへの反論については本書130頁以下を参照願いたい。

分類した学説をあらかじめ提示しておくと、以下のようになる。

＜学説＞

	客観重視	主観重視
総論的アプローチ	□非限定説 □形式的否定説 □許された危険法理説 □正犯性限定説	□故意限定説
各論的アプローチ	□自律性侵害説	□主観限定説
	□共同正犯要件説	

　また、各学説を考察する場合に、まず当該学説の「内容」を簡潔に紹介し、次に、当該学説の「特徴」を指摘する。そして、項をあらためて、私見の立場から当該学説を検討するという順序で考察していきたい。

2　学説の状況

⑴　非限定説

　①　**内　容**　　まず、借手の刑事責任について、刑法総論における通常の「共同正犯・共犯と身分」の問題として考察し、特にその成立範囲を限定することなく（特別）背任罪の共同正犯・共犯の成立を肯定する説があり、これを「非限定説」と称しておきたい。

　一般に、学説では、共同正犯・共犯と身分の問題について、行為者に一定の身分があることによって構成される構成身分犯において、非身分者が身分者の行為に共同加功した場合、刑法65条1項により、非身分者にも共同正犯が成立すると解されている。

　非限定説は、この原則をそのまま不正融資における借手の刑事責任の問題にも妥当させ、特別背任罪の場合も、非身分者である借手には、刑法65条1項により、特別背任罪の共同正犯が成立し、刑法65条2項により、通常の背任罪の刑で処断されるとするか、あるいは、同法65条2項により、借手には通常の背任罪の共同正犯が成立し、これにより処断されるが、身分者は重い特別背任罪の刑で処断されるとするのである。

　例えば、学説においては、「身分のない者も身分のある者の実行行為に加

担することによって真正身分犯を実現することができるから、身分のない者が身分のある者と共同してその犯罪に加功すれば、共同正犯が成立する」[13]という構成[14]、判例においては、「身分のない者も、身分のある者の行為を利用することによって、強姦罪の保護法益を侵害することができるから、身分のない者が、身分のある者と共謀して、その犯罪行為に加功すれば、同法65条1項により、強姦罪の共同正犯が成立する」[15]という構成を、借手の刑事責任を認定する際にも用いるのである。但し、この場合に、(特別) 背任罪の共同「正犯」の認定をすることになるので、非身分者にも共同正犯として、「単に事情を知っていたというだけでは、背任罪の共同正犯とはならない」のであり、「正犯の成立に、必要な犯罪事実に関する共同加功の意思、いいかえると、任務違背、損害の発生の具体的認識と図利加害の目的とがなければならない」[16]とするのではあるが。

② **特　徴**　　非限定説は、まずもって、「共同正犯・共犯と身分」に関する総論の問題における帰結をそのまま (特別) 背任罪の共同正犯・共犯にも適用し、犯罪の成否についてとりたてて限定的な考察をしないという点に特徴がある。したがって、融資における貸付事務処理者・金融機関と借手との特殊な関係を考慮することもしないのである。しかも、この説は、刑法65条1項の「共犯」は、共犯 (教唆犯・従犯) に限らず共同正犯をも含むと解する立場を前提にしているのは勿論である。

(2) 形式的否定説

同じく総論的なアプローチを採るものとして、不正融資の相手方である借手について、実行行為性、共同正犯の正犯性、身分の一身性という総論的な要素に着目し、形式的な考慮をもって (特別) 背任罪の共同正犯の成立を否定する説があり、これを「形式的否定説」と称しておく。

形式的否定説には、ⓐ (特別) 背任罪の共同正犯の成立を否定する形式的

---

13) 大谷實・注11文献・455頁。
14) 例えば、西原春夫『刑法総論下巻』(改訂準備版・1993年) 408頁、大谷實・注11文献・453頁、川端博・注11文献・433頁以下、山中敬一・注11文献・468頁、高橋則夫・注11文献・409頁など。
15) 最決昭和40・03・30刑集19・2・125。強姦罪の規定 (刑法177条) は改正され、強制性交等罪となっている。
16) 大塚仁ほか編『大コンメンタール刑法第10巻』(第2版・2000年) 215頁〔日比幹夫〕。

な規準として、「実行行為としての類型性の欠如」を提示する見解があり、「類型性欠如説」と称しておく。また、ⓑ「共同正犯の正犯としての違法性（規範違反性）の欠如」を提示する見解があり、「正犯性欠如説」と称しておく。さらに、ⓒ「身分の一身性」を提示する見解があり、「身分一身性説」と称しておく。

① 内 容

ⓐ **類型性欠如説**　類型性欠如説は、（特別）背任罪の共同正犯の成立を否定する規準として、「実行行為としての類型性の欠如」を提示する見解である。

この説を代表するものとして、例えば、次の論述をあげることができる。

「真正身分犯については非身分者の行為はその実行行為としての類型性を欠くから、共同実行ということはありえない。」[17]／「実行行為の規範的意味を重視するときは、真正身分犯においては、非身分者による実行行為を認めることはできないはず」であり、「身分犯の共同正犯は、身分者についてのみ認められるべきであって、非身分者と身分者との間には考えられない。」[18]／「非身分者はそもそも構成的身分犯の実行行為を行えないこと」、「身分は構成的身分犯にとって正犯の必要条件である。」[19]。

私見は、不正融資における借手の刑事責任を検討した当初、事実的対向犯の構造を用いながら、片面的対向犯の根拠について類型性欠如説を援用した。すなわち、不正融資においては、融資という事実を挟んで融資をする金融機関と融資を受ける借手とが互いに利害を異にして向きあっている対向関係にあるが、「こうした両者の関係は、複数の行為者の行為が相互に対向する関係にあることを予定している本来の意味の対向犯の類型ではないが、いわば事実上の対向犯の類型と考えることができる」として、事実的対向犯の構成を前提にしたうえで、片面的対向犯における一方関与者不処罰の根拠に

---

17) 団藤重光『刑法綱要総論』（第3版・1990年）420頁。
18) 大塚仁『刑法概説（総論）』（第4版・2008年）332〜333頁。
19) 松宮孝明『刑法総論講義』（第5版・2017年）300頁。なお、中山研一ほか『レヴィジオン刑法1共犯論』（1997年）122頁〔松宮孝明〕参照。同旨なのは、香川達夫『刑法講義（総論）』（第3版・1995年）406頁、福田平『全訂刑法総論』（第5版・2011年）293頁など。

64 第1章 判例及び学説の検討

ついて、「対向犯の場合、対向関係にある者のうち一方の行為者についてだけ処罰規定がある場合、他方の行為者は、少なくとも通常の関与形態では共犯規定の適用を受けることはないと解されている」とし、「対向犯的関与行為の定型性・通常性」を規準とする形式的一元説を支持したのである[20]。ここでいう「通常の関与形態」は、「対向犯的関与行為の定型性・通常性」を念頭においたものであり、それを超えるような加功行為を行った場合、具体的には、「積極的かつ執拗に働きかけた」といえる場合には、共同正犯・共犯の成立の余地があることを想定していたわけである[21]。

しかし、この見解に対しては、類型性欠如説に対して加えられる批判と同じく、「通常の犯罪形態」という規準がきわめて不明確であり、「『通常の犯罪形態』を超える場合がどのようなものであるのかが実質的に考察される必要がある」し、それがなされない限り、「理論的には殆ど何も進展していないに等しい」という批判が加えられた[22]。また、この見解によるとき、借手につき（特別）背任罪の共同正犯の成立が否定されても、共犯（教唆犯・従犯）成立の余地が残されることになり、きわめて不徹底な見解であった。

こうした規準の曖昧さという問題点、共犯成立の余地の存在という不徹底さのゆえに、私見は、事実的対向犯の構成は維持しながらも、従来の見解の一部を改め、片面的対向犯における一方関与者不処罰の根拠につき実質的な根拠を探究する必要性を痛感したわけである。この後、本書で展開している私見は、旧説を改めた後の見解である[23]。

ⓑ **正犯性欠如説**　正犯性欠如説は、（特別）背任罪の共同正犯の成立を否定する規準として、共同正犯の正犯としての違法性・規範違反性の欠如を提示する見解である。

20）関哲夫／佐々木史朗編・注6文献・186～187頁。

21）佐伯千仭『共犯理論の源流』（1987年）293頁（初出は、『宮本英脩博士還暦祝賀・現代刑事法学の諸問題』〔1943年〕393頁以下）、団藤重光・注17文献・432頁、大塚仁・注18文献・276頁、大谷實・注11文献・395頁、野村稔『刑法総論』（1990年）376頁、最判昭和43・12・24刑集22・13・1625、判時547・93、判タ230・256参照。

22）中森喜彦・注2文献・5頁、伊東研祐・注4文献・284頁、島田聡一郎「取引の相手方による背任行為への加功——銀行取引を中心に——」上智大学・上智法學論集50巻3号（2007年）47頁、島田聡一郎「対向的取引行為と背任罪の共同正犯」山口厚編著『クローズアップ刑法各論』（2007年）331頁参照。

23）私見の詳細は、本書100頁以下参照。

正犯性欠如説に属するのは、例えば、次のような論述である。

「正犯にとっても共犯にとっても違法な結果を実現することが必要である」と解する処罰根拠論を前提として考えた場合、「事務処理者である正犯の側に完全な違法性が認められたとしても、身分を持たない借り手の側の『行為』に、そもそも社会的に許容された範囲を超える働きかけによって、固有の『共犯不法』を具備したことが認められるかどうか、ということが重要なポイント」となるところ、身分というような「一定の適格」のない非身分者の行為は、「本来の構成要件に該当しない」のであるから、「一部分でも『その』構成要件に該当する行為を分担するといえない以上、65条1項の適用によって従属的に教唆犯や幇助犯が成立しうるのは格別、このような非身分者に共同『正犯』としての違法性（規範違反性）を認めることはできない。」[24]

ⓒ **身分一身性説**　身分一身性説は、（特別）背任罪の共同正犯の成立を否定する規準として、「身分の一身性」を提示する見解である。

身分一身性説に属するのは、例えば、次のように論述する見解である。

「身分犯の本質を身分者に固有の義務違反とすることには問題がありますが、違法の連帯を法益侵害の事実上の可能性と考えた上でも、なお身分の一身性による制約から身分犯の共同『実行』はできず、まして共謀共同正犯も認められない。」[25]

また、例えば、次のような論述も、身分一身性説に分類できるであろう。

「正犯性を基礎づける『特別な義務』を負担しうるのは『義務』の保持者だけであって、『義務』のない者（非身分者）が間接正犯や共同正犯となることはない。その一方で、『義務犯』による『特別な義務』の違反——たとえば、『公務員としての忠実義務』の違反——を誘発・助長し、それを通じて、義務者によって保護されるべき『（ポジティヴな）制

24）照沼亮介「不正融資と特別背任罪の共犯」伊東研祐編著『はじめての刑法』（2004年）135～136頁参照。

25）中山研一『口述刑法総論』（第3版・1994年）360頁。但し、『口述刑法総論』（新版・2003年）にはこの記述は見られないし、中山研一『新版口述刑法総論』（補訂版・2005年）314頁には、「非身分者には実行行為はできないから共同正犯は成立しないとすべきでしょう」との記述が見られる。なお、中山研一『刑法総論』（1982年）489頁、中山研一『概説刑法I』（第4版・2005年）294頁参照。

度』——たとえば、公務員として担保すべき公文書の内容の正確性——
を攻撃した非身分者は、『義務犯』への教唆・幇助として負責される。」[26]

② **特　徴**　　以上、形式的否定説に属する②類型性欠如説、⑤正犯性欠
如説、及び©身分一身性説の内容を紹介したが、これらの説の特徴を指摘し
ておきたい。

まず、②類型性欠如説は、共同正犯・共犯と身分に関する一般的な総論の
問題における身分犯的アプローチを（特別）背任罪の共同正犯・共犯の問題
においてもする。すなわち、構成身分犯の場合、非身分者の行為は、実行行
為としての類型性、つまり実行行為性が欠如するという形式的根拠をもって
非身分者の共同正犯性を否定するのである。この説によると、非身分者は、
たとえ身分者と共同したとしても共同実行ということはありえず、共同正犯
は成立しないことになる。その根拠として、この説は、立法者が刑法65条1
項において「実行」という言葉ではなく、「加功」という言葉を用いたの
は、身分のない者は身分犯の共同正犯とはなり得ないことを暗黙の前提とし
ていたのであると指摘する。但し、この説は、構成身分犯について非身分者
の共同正犯性を否定するにすぎないので、共犯（教唆犯・従犯）が成立する広
い余地を残していることになる。

次に、⑤正犯性欠如説は、共同正犯もあくまでも正犯の一類型であるの
で、「共犯よりも加重された違法性・規範違反性を具備しなければならず、
狭義の共犯とは構成要件的に区別された『行為規範に対する違反の程度』を
要する」こと[27]を前提にし、事務処理者という身分を有しない借手に共同
「正犯」としての違法性・規範違反性を認めることはできない[28]とする。ま
た、この説は、借手は共同「正犯」としての法律要件該当性のある行為を行
うことができないので、共同「正犯」としての違法性・規範違反性を認める
ことはできないが、刑法「65条1項の適用によって従属的に教唆犯や幇助犯

26）平山幹子『不作為犯と正犯原理』（2005年）191頁（初出は、平山幹子「『義務犯』について(1)
　　（2・完）」立命館大学・立命館法学270号（2000年）485頁以下、273号（2000年）207頁以下）。
27）照沼亮介・注24文献・135頁参照。
28）照沼亮介・注24文献・135〜136頁。

が成立しうる」として、共犯（教唆犯・従犯）成立の余地を認める。この説について、ある論者は、「義務犯論は、正犯として処罰される者を、刑法外の特別義務を負っている者に限定する理論にすぎず、非義務者に共犯が成立することを否定する理論ではない」ので、この説が、「身分者が特別義務を負うことを認め、非身分者による共同正犯を否定しながらも、一定の場合に教唆、幇助を認めているのは、義務犯論からの帰結として理解できる」[29]と評し、この説は義務犯論の一種であると評している。たしかに、「共同『正犯』としての違法性・規範違反性の欠如」という、いわば形式的・類型的な規準の基礎にある実質的な基盤を突き詰めていくと、正犯者という行為者に専属する義務違反性に辿りつくことになるのは否定できない。にもかかわらず、この説の論者は、共同「正犯」としての類型的違法性、言い換えれば、「どのような『関わり方』によって結果を惹起したか、という行為規範に対する違反の程度」、「正犯としての規範違反の程度」を規準にしようとしており、この説の論者としては、義務犯論の立場と評されることには抵抗感を抱くものと思われる。

　さらに、ⓒ身分一身性説は、身分犯という一般的な総論の問題に関する考え方をそのまま（特別）背任罪の共同正犯・共犯の問題にも用い、身分の一身性という形式的な根拠をもって非身分者の共同「実行」を否定する。したがって、この説は、非身分者はたとえ身分者と共同しても、共同正犯とはなりえないとする。しかし、この説は、構成身分犯において非身分者の共同「実行性」を否定するにすぎないので、共犯（教唆犯・従犯）が成立する余地は広く残されていることになる。この点は、「義務犯において、一次的・直接的な『義務』が（単独）正犯の要件であるにしても、義務に分担はあり得ないとするのであるから、それを広義の共犯の要件とするべきではな」く、「広義の共犯の区分けは、義務の種類やその存否ではなく、（単独）正犯に対する関与の度合いによって決せられるべき」[30]であると批判されるところである。

---

29) 島田聡一郎・注22文献（上智法學論集50巻3号）50頁及び該頁注69、島田聡一郎・注22文献（『クローズアップ刑法各論』）334頁及び該頁注48参照。

30) 内田幸隆「背任罪の共犯——不良融資における借り手の刑事責任——」早稲田大学・季刊企業と法創造2巻1号（2006年）40頁。

68　第 1 章　判例及び学説の検討

⑶　許された危険法理説

①　**内　容**　同じく総論的アプローチを採るものとして、日常の取引に必然的に内在する危険について、いわゆる許された危険の法理を援用して借手の刑事責任の成立範囲を限定しようとする説があり、これを「許された危険法理説」と称しておく。

例えば、次のような論述が、これである。

「『日常の生活・取引に必然的に内在する危険』は、およそ犯罪の不法を基礎づけることができない、と考えねばならない。その日常的な一般的危険を越える最小の可罰的不法は、各行為者の自律を基礎に配分されなければならない」のである。したがって、不正融資における借手の刑事責任に関して、強盗・恐喝・詐欺が成立しえないような場合、あるいは、そのような犯罪的不法を欠いても「事務処理者」の「任務遵守」を不能化しえないような場合に、被害者側の「同意に基づく自損行為」については、違法性の欠如ゆえに正犯・共犯が成立し得ないことになる[31]。

また、例えば、次のような別の論者の論述も、この説に分類することができよう。

「共犯は、修正・緩和されたとはいえ、固有の成立要件としての構成要件・実行行為をもっている」のであり、「借り受け人の申し込みが、通常経済社会に行われている程度のものであって、融資担当者が背任罪を犯し本人に損害を与えることとなる危険性がそれほど高度でない場合、とくに、借り受け人の働き掛けには企業再建という有用性がある程度認められる場合には、その行為は許された危険の範囲内のものとして、合法、少なくとも、共犯の構成要件該当性、実行行為性を欠くものとして、背任罪の共同正犯のみならず幇助犯の成立も否定されるべきである。」すなわち、「企業再建や抜本的な経営改善策の可能性がある場合、背任罪の損害そのものが否定されることもありうるが、それは否定されず貸付けた者に背任罪の成立が認められても、借入の申し入れが通常の

31）長井圓・注 3 文献・135頁以下参照。

程度のもので、不良貸付けを行う危険性が高度でなく、かつ、その申し入れ行為にある程度の有用性があるときには、共犯の成立は否定されなければならないと思われる。」[32]

② **特　徴**　許された危険法理説は、不正融資の場合に借手に（特別）背任罪の共同正犯が成立するには、借手の関与行為が、許された危険の範囲を超えていることが規準となるとするのであるが、その実質・内容は、共同正犯の法律要件該当性・実行行為性の次元で問題となるとする。したがって、借手の融資申込みが、通常、経済社会、融資関係業界で行われている程度のものであって、融資担当者が（特別）背任罪を犯し本人に損害を与えることとなる不正融資を行う危険性がそれほど高度でなく、かつ、その融資申入れ行為に、企業再建や抜本的な経営改善策の可能性がある場合には、借手に（特別）背任罪の共同正犯だけでなく、共犯、特に従犯の成立も否定されるとする。つまり、この説において、不正融資行為に加功した行為が「許された危険の範囲」内にあるか否かの判断は、一方で背任行為により本人に損害を与えることとなる不正融資の危険性と、他方で企業再建や抜本的な経営改善策の可能性という有用性との比較衡量によってなされているのである。

(4)　正犯性限定説

同じく総論的アプローチを採るものとして、不正融資の相手方である借手について、その客観要件としての「正犯性」を限定することによって、（特別）背任罪の共同正犯の成立範囲を限定しようとする説があり、これを「正犯性限定説」と称しておく。

正犯性限定説に分類される見解には、微妙なニュアンスの相違をもって主張されているいくつかの見解が存在する。そのため、これらの説をさらに分類するのは困難を伴うのであるが、それでもあえて分類すると、限定された正犯性を肯定するための要素として、ⓐ「背任行為への主体的関与」・「法益侵害過程の支配・指導的役割」を要求する見解があり、「主体的関与説」と称しておく。また、ⓑ共同正犯性を認めるために「重要な役割」を要求する見解があり、「重要役割説」と称しておく。さらに、ⓒ「自己の犯罪」とし

32）林幹人・注9文献・7～8頁。なお、上田正和「対向的取引と特別背任罪の共犯」大宮法科大学院大学・大宮ローレビュー3号（2007年）5頁以下も同旨と考えられる。

70　第1章　判例及び学説の検討

て実現したものと認められて共同正犯性が肯定される状況を類型化する見解
があり、「共同正犯類型説」と称しておく。

①　内　容

ⓐ　**主体的関与説**　　主体的関与説は、不正融資の借手に共同「正犯」性
が認められるためには、借手につき、「身分者と対等な立場から背任行為へ
の主体的関与」、「法益侵害過程の支配・指導的役割」を要するとする見解で
ある。

　主体的関与説に分類できるものとして、例えば、次の論述をあげることが
できる。

　　借手に共同「正犯性」が認められるためには、身分がなくとも身分者を
　　介することによって犯罪結果に対し「主体的に影響を与えた」と評価で
　　きること、換言すれば、非身分者が少なくとも「身分者と対等な立場か
　　ら主体的に当該背任行為に関与している」ことが必要であり、具体的に
　　は、㋐相手の立場の弱みにつけ込んで自ら不正融資の話を積極的に持ち
　　かけるとか、㋑犯行計画や手口などを具体的に指示するとか、あるい
　　は、㋒事実上背任行為を自ら支配していると評し得るような事態となっ
　　ているなど、「背任行為への主体的関与」が要求されるのであり、「(特
　　別) 背任罪の各要件の認識と、当該背任行為への主体的な関与という両
　　要素が認められる場合——事実上は両者は重なり合っている場合が多い
　　と思われるが——に、不正融資の相手方という非身分者に共同正犯の成
　　立を認めるのに必要な『共同加功 (の意思)』が存したと言いうるのであ
　　る。」[33]

　また例えば、次の論述も、この説に分類できるであろう。

　　「自ら実行行為に着手せず他人を介して法益侵害を惹起した者もその法
　　益侵害に至るまでの過程を支配した者といえる以上は正犯として罰せら
　　れるべき」であり、犯行遂行過程において「指導的役割」を果たした場
　　合、具体的には、「法益侵害過程の支配」が認められる場合には、正犯
　　として罰せられることになるとする[34]。

---

[33] 星周一郎・注2文献・623～624頁参照。また、齋藤信治『刑法総論』(第6版・2008年) 288頁
も同旨と思われる。

ⓑ **重要役割説**　同じく総論的アプローチを採るものとして、重要役割説は、不正融資の借手に共同正犯が認められるためには、借手が不正融資につき「重要な役割」を果たしたことを要するとする見解である。この見解は、不正融資の相手方である借手について、その客観要件として「重要な役割」を果たしたことを要求することでその成立範囲を限定しようとするもので、まさに共謀共同正犯における重要な役割説をここに応用したものである。

重要役割説の論述として、例えば、次のものをあげることができる。

「融資が実行されるという過程において重要な役割を果たした融資の受け手については、これを背任罪の共同正犯として認めるべきではないだろうか。」すなわち、「身分者の任務違背行為そのものに対する事実的な関与の程度が、通常の融資取引から明らかに逸脱している」場合、具体的には、融資担当者と協力して、返済能力・担保価値について実際より高い虚偽の外観を作出し、又は、返済能力・担保価値についての水増し評価に関与した場合や、審査を受けて確定した返済能力・担保価値をはるかに超える融資額を要求し、融資担当者とこれを取り決めた場合、あるいは、返済能力がないのに、実質無担保でもしくは不十分な担保で融資するよう働きかけ、融資担当者とこれを取り決めた場合であれば、「融資の受け手も背任罪の共同正犯に問える。」[35]

この説の論者によると、被融資側（借手）において問題なのは、「融資の実行過程に与えた影響、その果たした役割がどの程度に至っていたのか」であり、例えば、㋐「『財産上の損害を回避するためのルール』から逸脱する不当な融資条件・方法を融資担当者と共に決定し、融資の実現を図る」というような、融資の実行過程に対する介入は、「通常の融資取引から逸脱」しており、「融資担当者の持つ権限を共に行使した」もので、「共同して当該融資を実現した」といえる限りで、「融資担当者の『自律的』判断・決定に与えた『影響』の程度が重大」で、被融資者の「被融資者は融資担当者と一体化して本人に対し一方的に財産的損害・リスクを負担させた」ことになり、

34）柴田牧子・注2文献・363〜364頁、368頁参照。

35）佐々木史朗＝内田幸隆・判タ1064号（2001年）64頁参照。

72　第1章　判例及び学説の検討

「そこに背任罪の共同正犯を認めることができる」けれども、④被融資側が融資担当者に対して融資を申し込み、懇願することが、「融資担当者の『自律的』判断・決定に与えた『影響』の程度が重大なもの」といえない場合でも、「融資担当者にとって任務違背となる融資の実行を決断させ、あるいはその決断・実行を強化・促進したといえるならば、そこに背任罪の教唆・幇助を認める余地がある」[36]とする。

　ⓒ　**共同正犯類型説**　　共同正犯類型説は、不正融資の借手に共同「正犯性」が認められるためには、借手が融資担当者の任務違背行為を「自己の犯罪」として実現したことを要するとし、そのような場合を類型化する見解であり、まさに共謀共同正犯における、いわゆる「自己の犯罪」説をここに応用したものである。

　例えば、次のように論述するのが、これである。

　　不正融資の借手に共同「正犯性」が認められるためには、「相手方が後者（事務処理者——括弧内引用者）の任務違背行為を自己の犯罪として実現したものと見ることができる場合」、具体的には、㋐「実質的に観察すれば相手方も本人の財産的利益を保護すべき立場にあるといえるような事情がある」場合や、㋑「相手方と事務処理者の間に経済的利害を共通するような関係がある」場合や、㋒「以上のように事務処理者と相手方の立場が実質的に見て異ならないといえるような事情がない場合であっても、相手方が当該背任事件、事務処理者の任務違背行為をまさに作り出したといわざるをえない」場合、さらには、㋓「事務処理者に対する相手方の働きかけが著しく不相当であって、相手方自身の経済的利益の追求という枠を明らかに超える」場合でなければならない[37]。

　また、例えば、次のような論述も、この見解に分類できよう。

　　不正融資の借手に背任罪の共同正犯性が認められるには、借手について

───────────────

36）内田幸隆・注30文献・41〜43頁参照。なお、内田幸隆「背任罪の系譜、およびその本質」早稲田大学・早稲田法学会誌51巻（2001年）139頁以下も参照。論者の見解は、先の主体的関与説、別の論者の重要役割説、後に紹介する自律性侵害説など、他説の論述に配慮したためか、あるいは他説とその規準は変わらないことを示唆しようとしたためか、他説が規準として提示した語句が混在しており、論者の見解の内容と特徴が曖昧となってしまっている。

37）中森喜彦・注2文献・7頁参照

「あくまで、客観的に『自己の犯罪』と呼べるもの」でなければならないのであり、その実質は、㋐「実質的に観察すれば相手方も本人の財産的利益を保護すべき立場にあるといえるような事情がある」場合、㋑「相手方が当該背任事件、事務処理者の任務違背行為をまさに作り出したといわざるをえない」場合、㋒「事務処理者に対する相手方の働きかけが著しく不相当であって、相手方自身の経済的利益の追求という枠を明らかに超える」場合、さらには、㋓「身分者の任務違背行為そのものに対する事実的な関与の程度が、通常の融資取引から明らかに逸脱している」場合（例えば、融資担当者と協力して返済能力・担保価値について虚偽の外観を作出、水増し評価に関与など）には、「自己の犯罪」と認めることができる[38]。

さらに、次のような論述も、この見解に分類できるであろう。

不正融資における相手方（借手）は、「通常、日常的な経済活動の一方の当事者」にすぎず、共同正犯・共犯の成立を認めるためには、「厳格な条件」が求められるところ、具体的には、㋐「相手方も本人の財産的利益を保護すべき立場にあるといえるような事情がある」場合、㋑「相手方が事務処理者の任務違背行為を作り出したといわざるをえない」場合、㋒「事務処理者に対する働きかけが著しく不相当であって、経済的利益の追求という枠を明らかに超える」場合に限定されるとする[39]。

②　**特　徴**　　以上、共同正犯の正犯性を限定する正犯性限定説を、ⓐ主体的関与説、ⓑ重要役割説、及びⓒ共同正犯類型説に分け、その内容を紹介したが、これら正犯性限定説の特徴を指摘しておきたい。

まず、正犯性限定説は、（特別）背任罪の共同正犯における「正犯性」メル

38）前田雅英「商法486条と共同正犯」東京都立大学・法学会雑誌44巻2号（2004年）45〜46頁参照。なお、前田雅英『刑法各論講義』（第6版・2015年）288頁では、共同正犯性の類型化に変えて、「背任罪の共同正犯性を認める実質的基準」として、「非身分者にも図利・加害目的が認定できることを前提に、①貸手の任務違背性の程度（貸付の『不正』の程度）が重大かと、②その認識が確実・高度なものであったか、③貸手と借手の力関係と通常の借手という立場を超えた強い影響力の行使があったか否か、④社会通念上許容されないような働きかけがあったのか、⑤借手に、通常の取引には見られない不当な利益が得られたか、が総合して判断されなければならない」として、総合判断のための考慮事情が提示されている。

39）曽根威彦『刑法各論』（第5版・2012年）188頁参照。

クマールを厳格に認定することによって共同正犯の成立範囲を限定しようとする思考方法を採っている。そして、借手の共同「正犯」の成立に必要な具体的な徴表について、非身分者である借手の客観的な行為態様に着目し、借手に（特別）背任罪の「共同正犯」を肯定するには、ⓐ貸付事務処理者である身分者にも匹敵する「背任行為への主体的関与」・「法益侵害過程の支配・指導的役割」を果たした類型、ⓑ「通常の融資取引から明らかに逸脱する重要な役割」を果たした類型、そして、ⓒ「自己の犯罪」として実現したと認定できる類型、というように一定の類型化を行い、このいずれかに該当することを要求するものである。

　（共謀）共同正犯の正犯性を限定する原理は、（特別）背任罪だから特に必要であるというような（特別）背任罪固有のものではなく、（実行・共謀）共同正犯に広く妥当する一般原理といえよう。ただ、この原理は共犯（教唆犯・従犯）には妥当しないはずなので、この見解では、共犯が成立する広い余地を認めていることになる。

⑸　故意限定説

　①　**内　容**　同じく総論的アプローチを採るものとして、「共同正犯・共犯の故意」という一般的な総論の問題に関する考え方を（特別）背任罪の共同正犯・共犯の問題に応用して成立範囲を限定しようとする見解があり、これを「故意限定説」と称しておく。

　例えば、この見解を主張するある論者は、次のように論述している。

　　不正融資の借手に共同「正犯性」が認められるためには、借手に「財産上の損害発生の認識」に加えて、「任務違背行為が行われることの予見」、「正犯の将来の違法行為が行われることの予見」が必要である。すなわち、背任罪の「具体的な行為の詳細についての認識は不要ではあっても、……正犯行為が行われるある程度高度の蓋然性の認識がなければならない」というべきであり、「ある程度具体的な兆候の認識がない場合には、そのような高度の蓋然性を基礎づける事情の認識を事実上欠くことが多い。」[40]

---

40)　島田聡一郎「広義の共犯の一般的成立要件——いわゆる『中立的行為による幇助』に関する近時の議論を手がかりとして——」立教大学・立教法学57号（2001年）114〜115頁参照。

第3　学説の検討　75

　そして、この故意限定説の論者は、「正犯行為が行われるある程度高度の
蓋然性の認識」があることを前提にして、背任罪における事務処理者の相手
方である借手に「共同正犯・共犯の故意」が認められるには、次のような認
識が必要であるとする。

　　㋐「自己の行為により、事務処理者を通じて、本人に財産上の損害が生
　　じるであろうことが認識されていなければならない」こと、㋑「その行
　　為が任務違背行為であることについての（意味の認識も含めた）認識がな
　　ければならない」こと（ここまでは、「正犯者である事務処理者の場合と理論的
　　に同じ基準で判断される」）、及び、㋒「貸付担当者が違法な行為にでるこ
　　とを予測させる事情が認められること」（「正犯者の決意あるいはその客観的
　　な兆候が存在していることの認識、あるいは自己の行為が正犯者に犯行を決意させ
　　るに足るものであることの認識」）が必要である[41]。

　②　**特　徴**　　故意限定説は、不正融資の借手に共同正犯・共犯が認めら
れるには、まず、その前提として、客観的な結果帰属が存在することを要求
する。すなわち、共同正犯・共犯の因果性（物理的因果性・心理的因果性）を考
慮し、共同正犯行為・共犯行為が正犯行為の当該具体的結果発生の蓋然性を
高めたこと、換言すれば、関与行為によって生じた正犯行為の結果発生の危
険が、関与行為がなかった場合に比べて、相当因果関係が肯定される程度に
高まり、現実の結果について危険増加が肯定され、結果帰属が肯定されると
いう促進関係が存在することを要求するのである。

　そのうえで、故意限定説は、共同正犯・共犯の故意一般の総論的な問題に
ついて、「高度な故意」を要求し、それを（特別）背任罪の共同正犯・共犯の
問題に適用することにより、その成立範囲を限定しようとする。具体的に
は、「正犯行為が行われるある程度高度の蓋然性の認識」の存在を要求し
て、背任罪における事務処理者の相手方である借手に共同正犯・共犯の故意

---

41) 島田聡一郎・注40文献・114〜116頁参照。㋑の具体的な場合として、借手が内部者あるいはそ
　れに準ずる者であり、相手方の事情を熟知していた場合や、そのような準内部者的な立場にな
　くとも、銀行の内規等の、任務違背性の認識を根拠づける指針となるような事情を知っていた
　場合、あるいは、偽造手形による貸付等の、通常であれば金融機関が行わないであろう貸付が
　行われていることを認識していた場合などがあげられている。島田聡一郎・注40文献・115〜
　116頁参照。

76　第1章　判例及び学説の検討

が認められるための要件を限定するのである。

　故意限定説においては、不正融資の借手に（特別）背任罪の共同正犯・共犯が認められるか否かの問題は、本罪における事務処理者の相手方である借手に共同正犯・共犯における「高度な故意」が認められるか否かの問題として処理されており、したがって、借手に共同正犯が否定されれば、同時に共犯の成立も否定されることになる。

(6)　自律性侵害説

　①　**内　容**　次に、借手の刑事責任について、（特別）背任罪の共同正犯の成否の問題を各論的なアプローチで検討する見解として、「事務処理者の自律的な判断・行動を不可能とするような関与」があったか否かを規準とする見解があり、これを「自律性侵害説」と称しておく。

　自律性侵害説によると、「事務処理者という地位・身分を持つ者が、その立場・役割において自律的に機能して任務違背行為を行った場合にのみ、背任罪は成立する」ことを前提として、不正融資の相手方である借手が「事務処理者の自律的な判断・行動を不可能とするような関与」をしたといえるような場合、すなわち、借手が「任務適合行為を本来的に期待されている身分者を任務違背行為に踏み切らせ、完遂を容易化した」といえるときは、「その可罰的な行為の結果として財産上の損害という結果が非身分者に帰属する」のであり、そうでない限りは、「対向的な取引関係中における自律的な意思決定の結果として任務違背を犯した事務処理者が総て責を負うべき」である。なぜなら、「財産上の損害という結果は、一方当事者にのみ、異なる性格のものとして帰属するのであって、両者に同時に帰属するということはない」からである[42]とする。

　②　**特　徴**　自律性侵害説の理論構成は、「対向的な取引・利害関係中にある一般的な事務処理者」についてだけ妥当する特殊個別的な理論構成であることが、この説の論者によって明確に指摘されている。すなわち、この説によると、「対向的な取引・利害関係中にある一般的な事務処理者」が、「本人の財産を保護・管理する為に設定された本人との信任・委任関係から

42）伊東研祐・注4文献・285〜287頁参照。

第3 学説の検討 77

生じる義務を遵守するというよりは、社会的に期待されている役割・機能を果たすことによって、本人の財産も（結果的に）保護・適正管理される」ことになるのであり、したがって、それを前提としたこの見解の理論構成は、「個人財産の保護を目的とする通常の背任罪とは異なった特別の種類の背任罪、個人財産の保護とは異なった性質・次元の別個の目的をも有すると解し得るような背任罪についてだけ限定的に妥当するもの」として、「対向的な取引・利害関係」にある場合の特殊個別的な理論構成である点が明らかにされているのである[43]。

また、これに関連して、自律性侵害説においては、刑法上の背任罪と特別背任罪との「属性」の違いが強調されている。すなわち、「刑法上の背任罪の事務処理者には、本人から信任を得て事務処理について委任された者という抽象的・一般的な属性しか存しないのに対して、特別背任罪のそれは、法所定の（直接的な本人関係に限られない）制度的な機能を果たすことを半ば公的に義務付けられた特定の地位にある者という具体的・個別的な属性が考えられるのであり、その中には会社というような社会的存在及びそれに係わる財産上の利益を（本人の為と並んで）他の社会構成員一般の為に保護・適正管理するという役割ないし機能が含まれる」[44]とされているのである。

さらに、自律性侵害説が、「対向的な取引・利害関係中にある一般的な事務処理者」が問題となる状況においては、「財産上の損害という結果は、一方当事者にのみ、異なる性格のものとして帰属し、両者に同時に帰属するということはない」と論述する点が注目される。

そして、自律性侵害説が、可罰的不法に関する責任分配・結果の客観的帰属の判断を、「事務処理者の自律的な判断・行動を不可能とするような関与」が存在したかどうかによって決する点も特徴的といえよう。

(7) 共同正犯要件説

① 内 容　不正融資における借手の刑事責任について、（特別）背任罪の共同正犯の成否の問題を各論的なアプローチで検討する見解として、さらに、借手に（特別）背任罪の共同正犯が成立するための条件を要件化する見

---

43) 伊東研祐・注4文献・286〜287頁参照。
44) 伊東研祐・注4文献・288頁。

解があり、「共同正犯要件説」と称しておく。

例えば、ある論者は、JHL不正融資事件・最高裁2003年（平成15年）決定[45]、石川銀行事件・最高裁2008年（平成20年）決定[46]などの判例を踏まえ、次のように論述する。

　　借手が、㋐「融資担当者の図利・加害目的や任務違背の認識などを十分認識していること」、㋑「迂回融資などの不正融資工作に積極的に関与していること」、㋒「自ら図利・加害目的を有すること」などの要件を満たす場合には、借手にも「（特別）背任罪の共同正犯が成立するという判例理論が、ほぼ明らかにされたといえよう」[47]。

論者は、これらの要件は、判例を分析しての理論であると言明しているが、論者自身もこれらの要件を支持しているものと思われる。

② **特　徴**　　共同正犯要件説は、不正融資における借手の刑事責任を検討するにあたって、融資の「相手方は、貸付の事務処理者とは異なる利害関係を有し、担保の評価等においても異なった認識をもちうるものであるから、共同正犯としての罪責を問う場合の要件が問題となる」[48]という問題意識のもと、その罪責を限定する趣旨で要件を提示している。

共同正犯要件説によれば、借手に（特別）背任罪の共同正犯が成立するには、㋑客観要件として、「積極的関与」が、主観要件として、㋐「融資担当者の図利・加害目的・任務違背認識などの十分な認識」、及び、㋒「自らの図利・加害目的」が存在しなければならない。すなわち、共同正犯要件説は、客観・主観の要件を慎重に認定して、（特別）背任罪の共同正犯の成否を決めるべきことを要求しており、まさに本罪の法律要件に即して要件提示がなされている点で、各論的なアプローチがなされていると解することができる。

---

45) JHL不正融資-オクト社事件・最決平成15・02・18刑集57・2・161、判時1819・155、判タ1118・100参照。
46) 石川銀行事件・最決平成20・05・19刑集62・6・1623、判時2047・159、判タ1301・126参照。
47) 西田典之『刑法各論』（第6版・2012年）262頁参照。
48) 西田典之・注47文献・264頁参照。なお、（特別）背任罪の共同正犯の成否を判断するための考慮事情を提示し、総合判断をしなければならないとする前田雅英・注38文献（『刑法各論講義』）288頁も参照。

⑻　主観限定説

　さらに、借手の刑事責任について、(特別)背任罪の共同正犯の成否の問題を各論的なアプローチで検討する見解として、不正融資の相手方である借手について、その主観要件を限定することによって(特別)背任罪の共同正犯の成立範囲を限定しようとする見解があり、これを「主観限定説」と称しておく。但し、主観限定説に分類される見解には、正犯性を肯定するための要素として、まず@「任務違背の認識」を限定する見解があり、これを「任務違背認識限定説」と称しておく。また、ⓑ「共同加功の認識」を限定する見解があり、「共同加功認識限定説」と称しておく。

①　内　容

　ⓐ　**任務違背認識限定説**　　任務違背認識限定説は、不正融資の相手方である借手について、その主観要件である「任務違背の認識」を限定することによって(特別)背任罪の共同正犯の成立範囲を限定しようとする見解である。

　任務違背認識限定説は、甲銀行頭取であったＸが同銀行支店長らの強い反対にもかかわらず、実業家Ｙに対して同支店を通じて巨額の融資を行い、多額の回収不能部分を生じさせるに至ったという事案の千葉銀行特別背任事件に関する東京高裁昭和38年(1963年)判決[49]を嚆矢とするものである。

　東京高裁は、次のように判示し、被告人Ｙには、銀行に対し損害を及ぼす認識ないしＸをして銀行頭取としての任務に背かしめることの認識がなかったとして、特別背任罪の共同正犯につき無罪を言い渡した。

> 「思うに、銀行頭取のなした貸付が不当貸付と認められ、頭取が特別背任罪に問われるべき場合においても、貸付をなす任務即ち貸付をなす身分を有しない借手の立場は、銀行の立場とは全く別個の利害関係を有する立場であるから、借手が貸付人と特別背任罪を共謀する認識を有していたか否かの点の認定については、その判断は極めて慎重を要するもので、貸付を受ける者の立場、その利害関係から生ずる心理状態等を仔細に検討したうえ、借手が差入れた担保物件ついて有した認識、評価その

---

49)　千葉銀行特別背任事件・東京高判昭和38・11・11(判例集不登載)。本書30頁以下参照。事実関係の詳細は、第一審判決である東京地判昭和36・04・27下刑集3・3＝4・346参照。

80 　第1章　判例及び学説の検討

他各般の重要な情況についても、銀行の立場又は第三者の立場を離れ、銀行頭取の有する任務違背の認識とは独立して、借手の立場を中心として判断しなければならない。この観点が明確でないと、勢い借手の立場についての観察は近視眼的となり、苛酷な認定を下す虞なきこと保し難い。」「任務すなわち身分を有しない者をして、任務を有する者の任務違背の所為につき、共同正犯としての責を負わしめんがためには、その際任務を有する者が抱いた任務違背の認識と略同程度の任務違背の認識を有することを必要とするものと解しなければならない。」

そして、同事件・最高裁昭和40年（1965年）判決[50]は、検察官側の上告を棄却し、次のように判示して、原審の無罪判決を維持した。

「原判決の判示するところは、要するに、身分のない者について本件商法違反の罪の共同正犯が成立するためには、身分のある者について同罪が成立するのに必要な任務違背の認識と同じ程度の任務違背の認識が必要であるというにあるものと解される」。

学説においては、千葉銀行特別背任事件の東京高裁判決と同旨の見解が存在する。

「例えば借主が当該金融機関の職員である……とか、当該業務、内規等についての知識を十分有している……ような場合や、具体的犯行方法を指示する等積極的、主導的に関与している……ような場合、格別の専門知識を有しない場合であっても、健全な社会通念、常識に照らして容易に任務違背、損害発生の認識を持ち得るようなとき、すなわち、無担保貸付や偽造手形による貸付が行われるようなときは、いやしくもそれと知りながら貸付を受ける以上、おそらく当然に右の認識があると認められるであろう。」[51]

また、次の論述も、同旨であろう。

「借主が金融機関の業務、内規等の専門知識を有するとか、不良貸付の具体的方法を指示する等積極的に関与している場合には、上（任務違背

50）千葉銀行特別背任事件・最判昭和40・03・16裁判集刑事155・67。
51）的場純男「貸付業務と背任罪」経営刑事法研究会編『事例解説経営刑事法Ⅰ』（1986年）148～149頁参照。

——括弧内引用者）の認識が認められやすいであろう。」[52]

　他方、主観要件である「任務違背の認識」を限定する理論構成として、民法上の代理権の濫用法理を用いる見解がある。すなわち、「代理人が自己または第三者の利益をはかるため権限内の行為をしたときは、相手方が代理人の右意図を知りまたは知ることをうべかりし場合に限り、民法93条但書の規定〔心裡留保——括弧内引用者〕を類推して、本人はその行為につき責に任じない」とした民事判例[53]に基づいて、相手方が代理人の真意を知っていたとき、すなわち、「代理権の濫用について、相手方に悪意または重過失が存在する場合には、代理行為の効果を本人に帰属させるべきとの相手方の主張は、信義則に反し、許されない」のである。そして、これを不正融資に応用し、被融資側の借手が融資側の貸付事務処理者の任務違背性について悪意であるときには、融資契約は無効となり、借手に（特別）背任罪の共同正犯・共犯の成立を認めることができるとし、その限りで、借手の刑事責任が限定されると主張するのである[54]。

　ⓑ　**共同加功認識限定説**　　共同加功認識限定説は、不正融資の相手方である借手について、その主観要件である「共同加功の認識」を限定することによって（特別）背任罪の共同正犯の成立範囲を限定しようとする見解である。

　例えば、ある論者は、次のように論述している。

　「丙（借手——括弧内引用者）が、甲（背任行為をした銀行の役職者——括弧内引用者）の背任罪の共同正犯と認められるためには、丙には、正犯の成立に必要な犯罪事実に関する共同加功の意思が存しなければならない。具体的には、任務違背性、損害の発生についての認識（背任罪の故意）と、図利・加害目的とが具備していなければならない。」「任務違背行為は、多くの場合、丙の加功なく、もっぱら甲の手によって実行されるわけで

---

52)　上嶌一高・注2文献（『金融業務と刑事法』）144～145頁参照。なお、西田典之・注47文献・262～264頁も参照。

53)　最判昭和42・04・20民集21・3・697、判時484・48、判タ207・78。

54)　川崎友巳「特別背任罪の共同正犯」同志社大学・同志社法学57巻6号（2006年）429～430頁参照。同様の考え方を示すのは、佐伯仁志「民法と他領域(3)刑法」『民法の争点』（2007年）13頁、橋爪隆『刑法判例百選Ⅱ各論』（第6版・2008年）149頁である。

82　第1章　判例及び学説の検討

あり、甲が具体的にどのような方法で金融の便宜をはかり、その際任務違背と認定されるような処分をしたかについては、丙が、銀行等の貸付事務に精通しており、かつ具体的な方法について甲に教示したというような特殊な事例をのぞき、丙の関知しないところで、丙については、せいぜい、なんらかの便宜的措置、あるいは、不正手段によって融資の利便が図られたらしいという程度の認識があるに止まるということになろう。したがって、この程度の認識のみをもってしては、任務違背行為についての共同加功の意思があるとはいえず、背任罪の共同正犯は否定さるべきである。共同正犯の成立し得るのは、丙において、甲の具体的な任務違背行為につき、その任務違背性の意味の認識をふくめて、甲と意思を通じ、あるいはこれを慫慂したときに限ると解すべきであろう。」[55]

②　**特　徴**　　以上、主観限定説は、さらに、ⓐ任務違背認識限定説とⓑ共同加功認識限定説に分けられるが、これら主観限定説について、その特徴を総括的に指摘しておきたい。

まず、これら主観限定説は、貸付をなす身分を有しない借手の立場は、金融機関の立場、貸付人の立場とはまったく異なる利害関係を有する立場であること、したがって、借手が貸付人と（特別）背任罪を共謀する認識を有していたことを認定するにあたって、貸付人の有する任務違背の認識とは別に、借手の立場を中心にして独立して判断しなければならないこと、すなわち、非身分者に（特別）背任罪の共同正犯が成立するには、身分者に同罪が成立するのに必要な程度の主観要件の充足が必要であることを前提認識としているのである。

そのうえで、主観限定説は、「共同正犯・共犯と身分」の問題一般を考察する視点ではなく、（特別）背任罪の特殊状況を考慮するという視点からこの問題を考察している。ただ、「任務違背の認識」は（特別）背任罪の故意の問題であり、「任務違背行為についての共同加功の認識」は共同正犯の主観要件としての共同実行の意思の問題であり、いずれも総論的な問題と解するこ

55）藤木英雄・注1文献・241〜242頁参照。

第3　学説の検討　83

ともできる。しかし、主観限定説においては、不正融資における（特別）背任罪の特殊な状況を考慮してこうした理論構成がなされているのであり、やはり、この説は各論的アプローチを採る説に配列するのが適当と考える。

　また、主観限定説は、（特別）背任罪における主観要件である「任務違背の認識」や「任務違背行為についての共同加功の認識」の認定を厳格にすることによって共同正犯の成立を限定しようとしている。しかも、この見解の設定する限定原理は、共犯（教唆犯・従犯）にも妥当し、教唆犯・従犯の成立をも限定する原理としても機能しているのである。

　この点について、主観限定説の論者は、次のように論述している。

　　「おなじ意味あいから、丙（借手――括弧内引用者）を背任罪についての教唆犯と認めることも、例外的事情が存する場合に限定される。すなわち、丙が積極的に甲（背任行為をした銀行の役職者――括弧内引用者）にはたらきかけて、甲に違法行為をなすよう示唆し、慫慂する場合にのみ、教唆犯の成立を認めることができる（もっとも、この場合には、大半が共謀による共同正犯としての責任を問われることになるであろう。）」[56]

3　検　討

⑴　各学説について

　①　**非限定説について**　　非限定説については、そもそも、この説が、「共同正犯・共犯と身分」に関する総論の一般的な問題における帰結をそのまま（特別）背任罪の共同正犯・共犯にも適用している点について、根本的な疑問がある。すなわち、この説が不正融資における貸手と異なる借手の特殊な立場、利害関係の対立・対向する関係をまったく考慮しない点には大いに疑問があるし、近時の学説の傾向とも遊離しているといわざるをえないのである。

　②　**形式的否定説について**　　形式的否定説のうち、ⓐ類型性欠如説は、「実行行為としての定型性・類型性の欠如」を根拠とし、ⓑ正犯性欠如説は、「共同正犯の正犯としての違法性・規範違反性の欠如」を根拠とし、ま

56）藤木英雄・注1文献・242頁。

た、ⓒ身分一身性説は、「身分の一身性」を根拠としているが、いずれも形式的な根拠をもって非身分者の共同正犯の成立を否定しようとする点で共通している。

しかし、ⓐ類型性欠如説のいう、構成身分犯の場合には、非身分者（借手）は共同正犯形態であっても「正犯」とはなりえないという根拠、ⓑ正犯性欠如説のいう、正犯は共犯よりも加重された規範違反性を具備しなければならないので、非身分者（借手）には共同「正犯」としての規範違反性を認めることはできないという根拠、さらに、ⓒ身分一身性説のいう、構成身分犯の正犯たりうるためには身分の一身性による制約が存在するので、非身分者（借手）には身分犯の共同「実行」はありえず、共謀共同「正犯」も認められないという根拠は、いずれも形式的な根拠にとどまっている。そして、それらの根底にある実質的基盤を究明しようとすると、結局のところ、その行き着くところは、論者の意図に反し、身分犯の義務違反性、すなわち、「身分者である事務処理者は本人との関係で一身的な義務を負担しているが、非身分者はそうした義務を負担していないので、本人との関係で共同正犯が成立することはありえない」という義務の一身専属性ではないかと考えられるのである。

翻ってみたとき、実行行為の概念を規定する中核的な要素は、法益の侵害・危殆化であり、非身分者も身分者に共同加功することで違法な法益の侵害・危殆化を惹起することは、事実上可能である。とすると、非身分者に共同正犯が認められるか否かの判断は、実行行為の定型性・類型性、正犯としての規範違反性、あるいは身分の一身性という一般的・形式的な規準をもってしては充分でなく、実質的に、個々の犯罪の特質、身分者・非身分者の行為の特性、具体的な事案・事実の特殊性などを考慮していわば個別具体的に判断する必要がある。その意味で、総論的なアプローチによる形式的な根拠を援用する形式的否定説には限界があるといわざるをえない。

なお、これら形式的否定説は、すでに指摘したように、構成身分犯において、非身分者の共同「正犯性」・共同「実行性」を否定するにすぎないので、共犯（教唆犯・従犯）が成立する広い余地を残しているのであるが、この点についても大いに疑問がある。

③ **許された危険法理説について**　許された危険法理説においては、すでに指摘したように、借手に（特別）背任罪の共同正犯・共犯が成立するかどうかの判断は、不正融資を行う危険性と、当該融資の有用性、具体的には企業再建や抜本的な経営改善策の可能性との比較衡量によってなされるのであるが、こうした判断方法が有効に機能するかについては疑問がある。というのは、当該融資の有用性、具体的には、企業再建や抜本的な経営改善策の可能性というのは、結局のところ、当該融資が焦げ付く可能性、つまり不良債権化する可能性のことを裏面から表現したものにすぎず、これは、本人たる金融機関に損害を与える可能性にほかならないであろう。そうだとすると、当該融資の有用性は比較衡量の対象とはなりえず、この説の比較衡量は機能しないのではないかという疑問があるのである。

④ **正犯性限定説について**　まず、正犯性限定説が、（特別）背任罪における借手の共同正犯性を精確に認定すべきことを要求する点は、（実行・共謀）共同正犯の認定を慎重かつ厳格に行うべきことの当然の要請であり、特に異論を差しはさむべきことではない。また、借手の共同正犯性の具体的徴表として、ⓐ「背任行為への主体的関与」・「法益侵害過程の支配・指導的役割」、ⓑ「通常の融資取引から明らかに逸脱した重要な役割」、あるいはⓒ「任務違背行為を自己の犯罪として実現した」という規準を要求する点も、その当否を別にすれば、当然のことといえる。その意味で、正犯性限定説は、総論の共同正犯論の範疇で処理できる当然の要請をしているとも解せられるので、「共同正犯（さらに共犯全体）の一般的成立要件の問題として処理すれば足りる」[57]ともいえる。

しかし、不正融資の事案の特殊性は、正犯性限定説が要求する共同正犯性の精確な認定だけで汲み尽くせるものなのか疑問がある。この種の事案において、借手が貸付事務処理者の任務違背行為を「自己の犯罪」として実現し、「通常の融資取引から明らかに逸脱した重要な役割」を果たし、貸付事務処理者と「一体化して本人に対し一方的に財産的損害・リスクを負担させた」ので、「両者一体の共同正犯」の関係を認めることができるとする認定

57）高橋則夫・注11文献・409頁。

そのものに疑問があるのである。というのは、正犯性限定説が、借手の行為を、貸付事務処理者の任務違背行為という金融機関側の視点からのみ考察するだけで、貸付事務処理者を含めた貸付金融機関と被融資側の借手との経済的立場の相違、両当事者の利害関係の対向をまったく考慮していないのではないかと思えるからである。

　(実行・共謀) 共同正犯の正犯性の認定を慎重かつ厳格にしなければならないという要請は、(特別) 背任罪の共同正犯に限らず、広く正犯性の認定一般に妥当するものである。ただ、この種の事案に特殊な事情が存在するので、共同正犯性の認定をより慎重になすべきであるとしても、それもまた共同正犯における一般的な認定の問題の範疇に属することである。その意味で、正犯性限定説は、やはりこの種の事案の特殊性を理論として構成していないといわざるをえない。

　また、翻ってみたとき、借手に共同正犯を肯定するために、その共同「正犯」性を重視して、ⓐ「身分者(貸付事務処理者)の背任行為への主体的関与」、「法益侵害過程の支配・指導的役割」〔主体的関与説〕、ⓑ不正融資行為における「重要な役割」〔重要役割説〕、あるいは、ⓒ「自己の犯罪」としての任務違背行為の実現〔共同正犯類型説〕を重視すればするほど、借手の行為は、(特別) 背任罪における単独の直接正犯としての立場に近づいていくことになるが、それは、「構成身分犯においては、非身分者は単独の直接正犯とはなりえない」というテーゼに背反していくことを意味する。そのため、これら正犯性類型説は、共同正犯における正犯概念と構成身分犯における身分概念との間で「綱渡り」をしていかなければならないことになるのである。

　しかも、正犯性限定説は、不正融資の事案を「共同正犯の限定原理」を用いて処理するため、共犯(教唆犯・従犯)の成立を広く認める余地を残してしまっている。この点は、正犯性限定説の重要役割説を主張する論者の次のような論述に、端的に表れている。

　　被融資側の融資の申込み・懇願が「融資担当者の『自律的』判断・決定に与えた『影響』の程度が重大なものといえなくとも、被融資側が融資担当者に当該融資を決断させ、あるいはその決断・実行を強化・促進し

たといえるなら、被融資側に背任罪の教唆・幇助を問える。」[58]

　ここでは、被融資側の刑事責任について、わずかに共同正犯から除外された罪責部分は、「被融資側が融資担当者に当該融資を決断させ、あるいはその決断・実行を強化・促進した」ものとして、すべて共犯（教唆犯・従犯）の罪責へとシフトされていることになる。すなわち、この説は、（共同）正犯か共犯かの類別はあっても、（共同）正犯と共犯の総体には何の変更もないのであり、この点は大いに疑問としなければならない。むしろ、限定原理の問題は、共同正犯にとどまらず、共犯（教唆犯・従犯）をも含めた広義の共犯を射程に入れたものでなければならないはずである。

　また、正犯性限定説にあっては、一方で、被融資側の「共同正犯性」の判断規準は、「重要な役割」・「通常の融資取引からの逸脱」・「融資担当者の自律的な判断・決定に与えた重大な影響」、あるいは「被融資側が融資担当者と一体化」などと言い換えられてはいるが、依然としてその規準は明確となっているとはいえないため、判断結果を説明する「後付けの説明」になる可能性がある。しかも、それは、他説を批判する概念道具としても使えないという弱点がある。つまり、この説は、その判断規準の曖昧さと相俟って、借手の刑事責任を限定する原理としてはほとんど機能しないのではないか、解釈者（裁判官）の主観的な「通常の融資取引」観に決定的に依存してしまっているではないのか、共同正犯と共犯（教唆犯・従犯）の違いはあっても、罪責を問う論理としては何らの限定もなされていないのではないかという疑問を禁じえないのである。

　⑤　**故意限定説について**　　故意限定説が、客観的な結果帰属が存在すること、すなわち、共同正犯・共犯の因果性（物理的因果性・心理的因果性）を考慮し、共同正犯行為・共犯行為が正犯行為の当該具体的結果発生の蓋然性を高めたことが必要であるとしている点、及び、借手について（特別）背任罪の故意を慎重かつ限定的に認定するための理論構成を提示している点は、犯罪認定として当然であり、妥当といえよう。また、借手について（特別）背任罪の共同正犯と同時に共犯の成立をも限定する原理として理論構成してい

58）内田幸隆・注30文献・41〜43頁参照。

88　第1章　判例及び学説の検討

る点も、賛同できる。

　しかし、故意限定説が提示する、（特別）背任罪における事務処理者の相手方（借手）に共同正犯・共犯の故意が認められる場合の3つの具体的要件については、それが、借手の共同正犯・共犯を限定する機能を現実に果たしてくれるのかについては疑問がある。例えば、この故意限定説の論者は、背任罪における事務処理者の相手方である借手に共同正犯・共犯の故意が認められるためには、⑦「自己の行為により、事務処理者を通じて、本人に財産上の損害が生じるであろうことが認識されていること」を要求している。しかし、経営危機に陥っている借手であれば、融資を受ける際に、結局は経営危機を挽回できなくて金融機関側に何らかの損害を与えてしまうかもしれないと考えていることが多いであろうから、この要件はほとんどの場合に肯定されることになろう。また、論者は、⑦「その行為が任務違背行為であることについての（意味の認識も含めた）認識があること（正犯者である事務処理者の場合と理論的に同じ基準で判断される）」を要求し、具体的な場合として、借手が内部者あるいはそれに準ずる者であり、相手方の事情を熟知していた場合や、そのような準内部者的な立場になくとも、例えば銀行の内規等の、任務違背性の認識を根拠づける指針となるような事情を知っていた場合、あるいは、偽造手形による貸付等の、通常であれば金融機関が行わないであろう貸付が行われていることを認識していた場合などをあげている。論者のいう「借手が内部者あるいはそれに準ずる者」として、例えば、不正融資の相手方X が同時に融資金融機関の社員であった場合[59]で考えてみると、この場合のX が貸付事務処理者と同様の権限、それに準じた事実上の権能を有しているという意味で「内部者・準内部者」というのであれば、その場合はむしろ実行共同正犯の成立を検討すべきであろう。そうではなく、X は単に融資金融機関の社員にすぎず、融資につき何の権限もないし、何の事実上の権能も有していないというのであれば、X は一般の借手と同じ立場にあり、金融機関の社員であることに格別の意味はないことになる。また、論者が摘示する、金融機関の貸付事務担当者等の事情を熟知していた、任務違背性を根拠づける

59）大判昭和8・09・29刑集12・1683参照。

事情を認識していた、あるいは、通常であれば行わないような貸付が行われていることを認識していた、というような事実は、金融機関側の視点から見ての事情であって、対向関係にある借手がそれらの事情を認識していることが、なぜ借手の「共同正犯・共犯の故意」を基礎づけることになり、その罪責を肯定することへとつながっていくのかを論証する必要があろう。しかも、そもそも、(継続) 融資の必要性が切迫している借手であれば、何とか融資を引き出せるように情報収集するのは当然であるし、必要でもある。そうした中で知りえた情報を使って融資を引き出そうとする行為、具体的には、論者のいう、金融機関の貸付事務担当者等の事情を熟知していた、任務違背性を根拠づける事情を認識していた、あるいは、通常であれば行わないような貸付が行われていたことを認識していたことが、なぜ借手の刑法的な非難を根拠づけることになるのであろうか。

さらに、この説の論者が、⑦「貸付担当者が違法な行為に出ることを予測させる事情が認められること (正犯者の決意、あるいはその客観的な兆候が存在していることの認識、あるいは自己の行為が正犯者に犯行を決意させるに足るものであることの認識、が必要)」を要求する点についてであるが、経営危機等逼迫した状況に陥っている借手としては、本来であれば、(継続) 融資を見込めない状況であることを充分に理解しつつ、それでも (継続) 融資を受けたいがために働きかけているのであって、「貸付担当者が違法な行為に出ることを予測させる事情の存在」とか、「自己の行為が正犯者に犯行を決意させるに足るものであることの認識」とかは、不正融資のような場合には当然に認められることになるわけで、よほど特殊な事情がない限り、そうした事情は否定されないと考えられる。

結局のところ、故意限定説は、借手について (特別) 背任罪の共同正犯・共犯の成立を限定する原理として、現実の事件では、ほとんど機能しないのではないかという疑問が払拭しきれないのである。

⑥ **自律性侵害説について**　　自律性侵害説が、前提として、「自己の代表・代理する組織・機関の主張・利益を可能な限り貫徹・実現することを目的として、様々な圧力・駆け引きを用いつつ、交渉相手たるビジネス・エグゼキュティヴにその代表・代理する組織・機関の主張・利益を放棄・譲歩す

90 第1章 判例及び学説の検討

ることを迫る」という、いわば「対向的な取引・利害関係」を特徴とする取引の自由、経済活動の自由を重視している点[60]は注目に値する。また、借手について、（特別）背任罪の共同正犯の成立だけでなく共犯（教唆犯・従犯）の成立をも射程に入れた原理として提示されている点も、本書の立場と同旨であり、妥当である。

しかし、自律性侵害説は、片面的対向犯における一方関与者不処罰の根拠に関し、不正融資の事案においては、「事務処理者に課される義務」[61]を根拠にしており、義務犯論を援用している。この点は、ある論者によって、「義務犯論は、正犯として処罰される者を、刑法外の特別義務を負っている者に限定する理論にすぎず、非義務者に共犯が成立することを否定する理論ではない」[62]と批判されるところである。ただ、自律性侵害説の論者にあっては、「事務処理者に課される義務」の概念は、「事務処理者という地位・身分を持つ者の自律的な役割・機能」の内実をなし、かつ、それらを統括するものとして提示されている。しかも、その義務の性質として、ドイツにおける「義務犯」[63]と同質のものとして把握されている[64]ので、そうした批判は当てはまらないであろう。そこでは、「事務処理者に課される義務」であるがゆえに、対向する関係にある借手にはその義務は機能せず、むしろ、「可罰的な行為の結果として財産上の損害という結果」の帰属を振り分ける概念道具として用いられている点が注目されるのである。そして、この説の論者によると、「事務処理者の自律的な判断・行動を不可能とするような関与」が認められた場合には、非身分者である借手には、背任罪の共同正犯・共犯ではなく、強盗罪・恐喝罪・詐欺罪等の別の罪が成立する余地があるとするのである。この点も、私見と同じ問題意識にある。

---

60) 伊東研祐・注4文献・276頁参照。

61) 伊東研祐・注4文献・287頁。この義務は、「本人の財産を保護・管理する為に設定された本人との信任・委任関係から生じる義務を遵守するというよりは、社会的に期待されている役割・機能を果たすことによって、本人の財産も（結果的に）保護・適正管理される」（伊東研祐・注4文献・287頁）という類いの義務であるとして、この義務の「社会性」を強調している。

62) 島田聡一郎・注22文献（上智法學論集50巻3号）50頁、島田聡一郎・注22文献（『クローズアップ刑法各論』）334頁参照。

63) 義務犯に関するドイツの議論状況については、平山幹子『不作為犯と正犯原理』（2005年）115頁以下、特に143頁以下参照。

64) 伊東研祐・注4文献・287頁参照。

それにもかかわらず、「事務処理者の自律的な判断・行動を不可能とするような関与」を要求し、それを判断規準とする点については、若干の疑問を感じる。というのは、自律性侵害説がいう「自律的な判断・行動」という場合、この自律性の規準を明確にすることはきわめて難しいのではないか考えるからである。それは、そもそも自律性の概念には程度を付すことができ、その侵害がどの程度にまで達すると、「事務処理者の自律的な判断・行動を不可能にした」といえるのか、自律性を侵害したといえるかの判断が難しいことに起因している。また、事務処理者の自律性は、事務処理者の「自由な意思決定に基づく判断・行動」を言い換えたものと思われるが、それは、結局のところ、事務処理者に対する借手の加功の程度を裏側から表現したものにすぎないと思われる。もしそうだとすると、この判断規準は、借手について（特別）背任罪の共同正犯・共犯の成立を否定ないし限定する原理としては、その規準の曖昧さと相俟って、十分に機能しないという懸念がある。

⑦　**共同正犯要件説について**　　共同正犯要件説に対しては、まずその客観要件についていえば、㋑「積極的関与」という規準が、対向関係の中で、どのように具体的な認定規準として作用するのか明らかにされる必要があろう。その意味で、この規準がさらに明確にされない限り、借手の罪責を限定する要件としては有効に機能しないか、解釈者（裁判官）の「日常的な取引観」・「通常の融資取引観」に左右されることになろう。

また、その主観要件についても、㋐借手が「融資担当者の図利・加害目的や任務違背の認識などを十分認識している」ことという主観要件が、なぜ借手の共同正犯性を根拠づけるのか、その理由が明らかでない。「融資担当者の図利・加害目的や任務違背の認識など」の事情は、借手にとって、いわば対向する相手方の抱える主観事情であって、そうした事情を認識していることがなぜ借手側の罪責を根拠づけることになるのか不明なのである。しかも、そもそも自分が経営する会社の不渡り・倒産をなんとか防ごうとする経営者であれば、（継続）融資を引き出すことに熱心になり、融資側の貸付事務処理者の状況には無頓着、もしくは、「融資担当者の図利・加害目的や任務違背の認識など」を認識しつつも、「そうではあっても」という心理状態にあるのが通常と思われる。しかも、「融資担当者の図利・加害目的や任務違

背の認識など」の認識は、借手が損害発生の現実的可能性を認識し、あるいは損害発生について認容があるときには、（未必の）故意が認められるのが通常であろうから、この主観要件は限定要件として機能することはないのではないかと懸念される。

また、㋒「自ら図利・加害目的を有すること」という主観要件についても、借手としては、自己の利益を追求するために（継続）融資を引き出そうとしている状況の中で、本人（金融機関）にあえて損害を加えようという目的はないとしても、主に自分側の利益を実現する意図で行為している以上、この主観要件も特別な事情のない限り肯定されるので、限定要件として機能しないと考えざるをえない。

結局のところ、任務違背行為に加功する借手の行為について、積極的な関与という客観要件、融資担当者の図利・加害目的・任務違背認識などの認識、自らの図利・加害目的という主観要件を要求することによって、（特別）背任罪の成立範囲を限定しようとしても、ほとんど限定することにならないのではないかと考えられる。それは、そうした要件を設定していると思われる判例においても、（特別）背任罪の共同正犯の成立について、大きく限定するような帰結を導き出していないことからもうかがえるのである。

⑧　**主観限定説について**　　主観限定説は、ⓐ任務違背認識限定説とⓑ共同加功認識限定説に分けられるが、これら２つの見解を総括的に検討する。

まず、「損害発生・任務違背の認識（＝故意）」に関し、借手が損害発生の現実的可能性を認識し、あるいは損害発生について認容があるときには、（未必の）故意が認められるのが通常であるし、借手は自己図利の目的を有しており、少なくとも本人（銀行等の金融機関）図利の目的を有していないのが通常であろうから、任務違背認識限定説の提示する主観的な限定原理も有効に機能しないのではないかと考えられる。まして、民法上の代理権濫用の法理をここでの理論構成として用いるときは、借手に任務違背性の認識がある悪意の場合だけでなく、重過失をも含みうる理論構成として主張されているので、借手につき共同正犯が成立する範囲が反って拡大してしまうと考えられる。もしそうであれば、妥当ではないであろう。

他方、一般に、共同正犯が成立するには、他の共同正犯者の行為の細部に

ついて現に認識している必要はないというのが通説・判例の理解である。にもかかわらず、共同加功認識限定説は、借手について、事務処理者の行為を詳細かつ具体的に認識していることを要求しているが、そうした要求をする実質的な根拠はどこにあるのであろうか。

　結局のところ、任務違背行為に加功する借手の行為について、積極的な関与、主導的な関与というような客観的な行為態様を要求することによって、共同「正犯性」を限定しようとするならばともかく、そうではなく、行為者の主観的な要件によって限定しようとするのは、その認定の困難さとも相俟って、限定原理としての有効性には限界があると考えられるのである。

(2)　総論的・各論的アプローチについて

　①　総論的アプローチについて　　まず、借手の刑事責任について、刑法総論における通常の「共同正犯・共犯と身分」の問題として考察し、特にその成立範囲を限定することなく（特別）背任罪の共同正犯の成立を肯定する非限定説は、「共同正犯・共犯と身分」に関する総論問題における見解をそのまま（特別）背任罪の共同正犯・共犯にも用い、不正融資における借手の特殊な立場、利害関係の対向的相違をまったく考慮していない点で、大いに疑問がある。

　同じく総論的なアプローチを採り、不正融資の相手方である借手について、「実行行為としての類型性の欠如」・「共同正犯の正犯としての違法性（規範違反性）の欠如」・「身分の一身性」という総論の形式的な根拠をもって（特別）背任罪の共同正犯の成立を否定する形式的否定説（類型性欠如説、正犯性欠如説、身分一身性説）は、総論的なアプローチによる形式的な根拠を援用する点で限界があるし、この説の形式的な根拠を突き詰めていくと、結局は、身分犯の一身的な義務違反性、身分の一身専属性に行き着かざるをえないのではないか。また、この説が共犯（教唆犯・従犯）の成立する広い余地を残している点についても、疑問がある。

　さらに、同じく総論的アプローチを採り、日常の取引に必然的に内在する危険について、いわゆる許された危険の法理を援用して借手の刑事責任の成立範囲を限定しようとする許された危険法理説は、借手に（特別）背任罪の共同正犯・共犯が成立するか否かを、不正融資の危険性と当該融資の有用性

（企業再建や抜本的経営改善の可能性）との比較衡量によって判断しようとするものであって、それは、当該融資が不良債権化する可能性、つまり、本人たる金融機関に損害を与える可能性の判断に帰着するため、結局のところ、この説の提唱する比較衡量は機能しないのではないかという疑問がある。

　同じく総論的アプローチを採り、不正融資の相手方である借手について、その客観要件としての「正犯性」を限定することによって（特別）背任罪の共同正犯の成立範囲を限定しようとする正犯性限定説には、正犯性の要素として、「背任行為への主体的関与」を要求する主体的関与説、「不正融資につき重要な役割」を果たしたことを要求する重要役割説、及び、借手が融資担当者の任務違背行為を「自己の犯罪」として実現したことを類型化する共同正犯類型説がある。しかし、これらの正犯性限定説はいずれも、融資側と被融資側の経済的立場の相違による利害関係の対向的な相違を軽視しており、貸付事務処理者の「任務違背行為」の視点からのみ事案の具体的事実を考察しているにすぎないといわざるをえない。すなわち、借手が貸付事務処理者の「任務違背行為」を「自己の犯罪」として実現し、あるいは「通常の融資取引から明らかに逸脱した重要な役割」を果たし、貸付事務処理者と「一体化して本人に対し一方的に財産的損害・リスクを負担させた」から、「両者一体の共同正犯の関係」を認めることができると認定することには、そもそも疑問があるのである。しかも、正犯性限定説においては、正犯性の限定が共同正犯の限定原理としてしか機能しないため、共同正犯から排除された部分も含めて、共犯（教唆犯・従犯）の成立を広く認める余地を残している点も問題である。

　さらに、総論的アプローチを採り、「共同正犯・共犯の故意」一般の問題に関する考え方を（特別）背任罪の共同正犯・共犯の問題に応用し、成立範囲を限定しようとする故意限定説が、背任罪における事務処理者の相手方に共同正犯・共犯の故意が認められる場合として要求している具体的な要件は、いずれも金融機関側の視点からの事情に属するものであって、それらがなぜ借手の「共同正犯・共犯の故意」を基礎づけ、その罪責を根拠づけることになるのかが依然として不明である。しかも、総じて、この説は、借手について（特別）背任罪の共同正犯・共犯の成立を限定する原理としては、ほ

とんど機能しないのではないかと思われる。

②　**各論的アプローチについて**　　他方、各論的アプローチを採り、「事務処理者の自律的な判断・行動を不可能とするような関与」があったか否かを規準とする自律性侵害説は、この説が重要な規準としているはずの「自律的な判断・行動」という場合に、その「自律性の侵害」の意義・程度が必ずしも明確になっていない点に問題がある。そのため、この判断規準は、借手について（特別）背任罪の共同正犯・共犯の成立を否定・限定する原理としては十分に機能させることができないのではないかという懸念がある。

　また、各論的アプローチを採り、借手に（特別）背任罪の共同正犯が成立するための条件を要件化する共同正犯要件説については、客観要件及び主観要件の双方にわたって限定をすることによって、借手の共同正犯の罪責を制限しようとするのであるが、積極的な関与という客観要件、融資担当者の図利・加害目的・任務違背認識などの認識、自らの図利・加害目的という主観要件は、いずれも（特別）背任罪の成立範囲を限定する有効な要件となっていないのではないかという疑問がある。

　同じく各論的アプローチを採り、不正融資の相手方である借手について、その主観要件を限定することによって（特別）背任罪の共同正犯の成立範囲を限定しようとする主観限定説については、その主観要件である「任務違背の認識」を限定する任務違背認識限定説と、「共同加功の認識」を限定する共同加功認識限定説が存在するが、いずれも行為者の主観要件によってその成立範囲を限定しようとするのは、その認定の困難さとも相俟って、限定原理として有効に機能しないという限界があるのである。

第2章 私見の前提

第4 基本的視点

　以上の判例の考察及び学説の検討を踏まえ、本書の課題である、不正融資における借手の刑事責任についての私見を提示する前に、私見の前提となる基本的視点を明らかにしておきたい。

1 対向的利害関係

　不正融資における借手の刑事責任を考察する場合に、まず、融資においては、借手と貸付事務処理者・金融機関との利害が対立・対向している事実が存在していることを念頭におく必要がある。

　一方で、融資側の金融機関は、企業組織体として、融資に伴う危険を回避するため、稟議手続きの履践、監査制度の活用を図り、また防御手段として、担保の徴求、決済資金の拘束、割増手数料の徴収、上乗せ金利の徴収などを講じて、融資に伴うリスクを回避し、また最小限にしようと図る。他方で、被融資側の借手は、自己の経営する会社の資金繰りを円滑にして経営を安定させ、あるいは逼迫した資金繰りを何とかして、倒産を回避し、できれば経営状態の改善・回復を図ろうとして、是が非でも金融機関から融資・継続融資を受けられるように努力・画策する。

　ここには、融資という事実を挟んで、借手と金融機関・事務処理者の利害が対立・対向している実態が存在することを考慮する必要があるのである。

2 任務違背行為の性格

　また、不正融資における任務違背行為の性格にも着目する必要がある。

98　第2章　私見の前提

　（特別）背任罪は、事務処理者が自己に託された任務に違背することを通じて、本人に財産上の損害を加えることを本質とする犯罪である。すなわち、（特別）背任罪の成立にとって、事務処理者の任務違背行為の存在が不可欠であり、これが欠けている場合には、たとえ財産上の損害が発生したとしても、本罪は成立しない。そして、不正融資において、（特別）背任罪の実行行為それ自体は、もっぱら貸付事務処理者によって行われ、借手は実行行為に直接加功することはできない。その意味で、本罪の実行行為は、融資側の事務処理者が専権的に行うものであり、およそ借手に背任罪の実行共同正犯を認めることはできないのであり、借手に共同正犯が認められるとすれば、それは共謀共同正犯ということになる。

　こうしたことの前提には、（特別）背任罪おける事務処理者と本人（金融機関）との関係は対内的な関係であり、そこから生じる事務処理者の行うべき「事務」は、本人との関係では対向的な関係にあるけれども、信任関係に基づいて、本人のために、本人に代わって、誠実に行われるべき事務であり、それはあくまでも対内的な事務としての性格を有しているのである。

　一般に、身分犯の場合、非身分者が身分者に共同加功したとして共同正犯が認められるのは、非身分者が、共同実行の意思と共同実行の事実をもって身分者と一体となって、一定の犯罪を実現したときである。不正融資における借手の刑事責任においては、共謀共同正犯が問題となるのであるが、それが認められるには、判例の言葉を借りれば、身分者と非身分者とが、特定の犯罪を実現するために、「共同意思の下に一体となって互に他人の行為を利用し、各自の意思を実行に移すことを内容とする謀議をなし、よって犯罪を実行した事実がみとめられなければならない」[1]のである。すなわち、借手が、貸付事務処理者の任務違背行為という実行行為につき、貸付事務処理者と同一の利害のもとで一体となり、自己の犯罪として共同加功したといえる場合にのみ、借手に（特別）背任罪の（共謀）共同正犯の成立が認められるのである。

　しかし、不正融資におけるように、身分者である貸付事務処理者の利害

---

1) 練馬事件・最大判昭和33・05・28刑集12・8・1718、判時150・6〔百選Ⅰ・75〕参照。

と、非身分者である借手の利害とが対立した関係にあり、融資を挟んで、貸付事務処理者の貸付行為と借手の融資依頼行為ないし被融資行為とが対向しあっている関係にある場合、両者の立場の互換性・一体性を肯定するような考え方はおよそ採りえないのであり、借手に（特別）背任罪の（共謀）共同正犯（・共犯）を肯定するのは無理である。それは、「対内的な事務の性格を有する貸付事務処理者の任務に、対向関係にある部外者は関与できないのだ」と説明することも可能であろうし、「対立・対向関係にある双方の立場に互換性・一体性が存在しない以上、（特別）背任罪につき共同実行の意思も共同実行の事実も観念できないのだ」と説明することも可能であろう。

　不正融資における借手の刑事責任を検討するにあたっては、以上の点を考慮して理論構成する必要があるのである。

100 第2章 私見の前提

第5 対向犯について

1 意 義

この項では、次項で私見の事実的対向犯説の詳細を説明する前に、私見の前提をなしている「事実的対向犯」構成を明らかにしておきたいので、対向犯について説明したい。

刑法各則その他の刑罰法規の規定において、当然に2人以上の者の関与行為を予定して定められている必要的共犯は「各則の共犯」ともいわれ、一般に、対向犯（対向的犯罪）と多衆犯（集合的犯罪）[1]に分類される。

前者の対向犯は、複数行為者の互いに向きあった複数の行為を必要とする必要的共犯である。必要的共犯は、①それが立法上の形式的な根拠にとどまっているのか否かによって、「形式的対向犯」と「実質的対向犯」に分類することができる。また、②それが刑法各則その他の刑罰法規の条文の文言又はその解釈から直接に導き出されるか否かによって、「法律的対向犯」（法律上の対向犯）と「事実的対向犯」（事実上の対向犯）に分類することができる。さらに、③対向犯的関与者の一方関与者のみが処罰されるのか、両方関与者が処罰されるのかによって、「片面的対向犯」と「相面的対向犯」に分類することができる。

以下では、まず、必要的共犯のうちの対向犯について、その種類をあらかじめ確認しておきたい。

2 種 類

⑴ 形式的対向犯・実質的対向犯

対向犯は、形式的対向犯と実質的対向犯に分類することができる。これは、当該犯罪が対向犯とされる根拠が、立法者意思、刑罰法規その他形式的根拠にとどまっているのか、それとも、さらにその根底にある実質的根拠に

---

1) 犯罪の成立上同一目標に向けられた複数行為者の共同行為が必要とされる多衆犯（集合的犯罪）には、通常、内乱罪（77条）、騒乱罪（106条）があげられる。

よって根拠づけられるかによる分類である。

① **形式的対向犯**　前者の形式的対向犯とは、立法者意思、刑罰法規その他形式的根拠によってのみ根拠づけられる対向犯である。

② **実質的対向犯**　これに対し、後者の実質的対向犯とは、形式的な立法者意思等の根底にある、当該犯罪の個別事情や特殊性から導き出される実質原理によって根拠づけられる対向犯である。

換言すれば、形式的対向犯・実質的対向犯の区別は、対向犯であることの根拠が形式的な立法者意思等にとどまっているのか、それとも、立法者意思等の根底にある実質的な根拠を見出すことができるかによる分類である。

但し、この分類で注意しなければならないのは、両種類は必ずしも互いに排斥し合う関係にはないということである。形式的違法性の概念と実質的違法性の概念の関係がそうであるように、対向犯においても、立法者意思等という形式的根拠をもって形式的対向犯が生じることを契機にして、さらにその根底にある実質的根拠を究明する必要があるのであって、形式的対向犯と実質的対向犯は、器と中味、形式と実質という関係にある。この点も、後に、片面的対向犯における一方関与者不処罰の根拠の問題に関連して触れることにする。

(2)　**法律的対向犯・事実的対向犯**

対向犯は、さらに、法律的対向犯と事実的対向犯に分類することができる。これは、当該犯罪が対向犯とされる契機が、直接に、刑法各則その他の刑罰法規の文言又はその解釈にあるのか否かによる分類である。

①　**法律的対向犯**　法律的対向犯とは、刑法各則その他の刑罰法規の文言を直接の原由とする対向犯であり、これには、その刑罰法規との関係如何によって、さらに2つに分けることができる。

㋐　**法文言上の対向犯**　これは、当該刑罰法規の文言がすでに2人以上の対向する行為者の行為の存在を前提としているがゆえに対向犯とされる類型、つまり、法文言上の対向犯であり、例えば、猥褻物頒布罪（175条1項）、重婚罪（184条）、贈収賄罪（197条以下）があげられる。

一般に、対向犯とは、「構成要件上2人以上の者の互いに対向した行為を必要とする犯罪をいう」[2]とか、「2人以上の行為者の互いに対向した行為

102 第2章 私見の前提

が構成要件上予定されている犯罪」である[3]と定義されるときは、この類型が念頭におかれていることになる。

　④　**法解釈上の対向犯**　　しかし、対向犯は、当該刑罰法規の文言を直接の原由とする法文言上の対向犯に限らず、当該刑罰法規の文言の解釈から導き出される対向犯の類型、つまり、法解釈上の対向犯も存在する。例えば、特別刑法の領域であるが、弁護士法72条〔非弁護士の法律事務の取扱い等の禁止〕[4]について、最高裁[5]は、弁護士でない者に報酬を払って自分の法律事件の解決を依頼した者を同条違反の教唆犯とした控訴審判決を破棄し、同条は、「法律事件の解決を依頼する者が存在し、この者が、弁護士でない者に報酬を与える行為もしくはこれを与えることを約束する行為を当然予想している」ところ、「ある犯罪が成立するについて当然予想され、むしろそのために欠くことができない関与行為について、これを処罰する規定がない以上、これを、関与を受けた側の可罰的な行為の教唆もしくは幇助として処罰することは、原則として、法の意図しないところと解すべきである」として、無罪判決を言い渡している。これは、最高裁が、法解釈によって、法律的対向犯の中に、法文言上の対向犯のほかに別の類型の対向犯、いわば解釈により導かれる対向犯の類型を創設したといえるのである。

　また、例えば、詐欺罪（246条）の成立につき処分行為（交付行為）が必要であると解するならば、欺罔行為者側の欺罔行為と被欺罔者側の処分行為とは、互いに向かい合った関係にあるという意味で対向関係にあり、したがって、詐欺罪も法解釈上の対向犯であるということができる。ただ、対向関係にある一方関与者である被欺罔者ないし処分行為者は、欺罔されていることに気づいておらず、しかも、「被害者」の立場にあるのは明らかなので、通常は、詐欺罪は（片面的）対向犯であるなどとは考えないし、そのことを意

2）大谷實『刑法講義総論』（新版第4版・2012年）393頁。
3）髙橋則夫『刑法総論』（第3版・2016年）419頁。
4）弁護士法72条は、「弁護士又は弁護士法人でない者は、報酬を得る目的で訴訟事件、非訟事件及び審査請求、再調査の請求、再審査請求等行政庁に対する不服申立事件その他一般の法律事件に関して鑑定、代理、仲裁若しくは和解その他の法律事務を取り扱い、又はこれらの周旋をすることを業とすることができない。ただし、この法律又は他の法律に別段の定めがある場合は、この限りでない。」と規定し、これに違反する罰則は同法77条3号に規定されている。
5）最判昭和43・12・24刑集22・13・1625、判時547・93、判タ230・256。

識する必要もないだけのことである。

このように、当該刑罰法規を直接の原由とする法文言上の対向犯だけでなく、いわば条文解釈を原由とする法解釈上の対向犯も存在するのであり、⑦法文言上の対向犯と⑥法解釈上の対向犯とを併せて、法律的対向犯とすることができる。

従来、必要的共犯とは、刑法各則その他の刑罰法規の法律要件が当然に2人以上の行為者の行為を予定して定められている場合のみをいい、そのうち、2人以上の行為者の行為が対向した関係にあるのが対向犯であるとされてきた。その意味で、対向犯は、法律的対向犯（法条文上・法解釈上）に限られることが暗黙の前提となっていたのであり、これが現在の支配的な見解である。そのため、単に「対向犯」というときは、法律的対向犯を意味し、あえて「法律的」対向犯、「法律上の」対向犯と呼ぶ必要もなかったわけである。

②　**事実的対向犯**　　しかし、対向犯は、上記⑦法文言上の対向犯及び⑥法解釈上の対向犯に限られる法律的対向犯しか存在しないのか、対向犯には、法律的対向犯のほかに、当該犯罪に係る事案の事実状況・事実関係を直接の原由とする対向犯が存在するのではないか。これが、本書の基本的な問題意識である。

結論を言えば、刑法各則その他の刑罰法規の条文の文言によって定められた法文言上の対向犯ではないし、条文の解釈から導き出される法解釈上の対向犯ではないけれども、当該犯罪の具体的事実関係や、当該事案の特別な事情から導き出される事実上の対向犯も存在するのである。これを、対向犯として論じられてきた法律的対向犯と区別して、「事実的対向犯」と称することにしたい。

本書は、①法律的対向犯と区別された対向犯の新たな類型として、②事実的対向犯を提唱し、その理論的な処理について試論ともいうべき私見を、不正融資における借手の刑事責任の問題において展開しようとするものである。その前提には、対向犯（ないし必要的共犯）に実質的な観点を導入して考察するとき、対向犯を法律的対向犯に限定する根拠も論理必然性も消失してしまい、事実的対向犯の概念を認めざるをえなくなるということがある。こ

104　第2章　私見の前提

の点も、項を改めて後に論じたい。

(3)　片面的対向犯・相面的対向犯

　対向犯は、さらに、対向犯的関与者の処罰を規準にしたとき、片面的対向犯と相面的対向犯に分けることができる。これは、当該対向犯の関与者に対し、刑法がどのような対応をしているかによる分類である。

　①　**片面的対向犯**　片面的対向犯[6]とは、対向犯的関与者の一方関与者のみを処罰するもので、例えば、猥褻文書頒布罪（175条1項）をあげることができる。

　②　**相面的対向犯**　これに対し、相面的対向犯とは、対向犯的関与者の双方関与者を処罰するものであり、これは、さらに、対向犯的関与者に対して科される刑罰に着目して、同一刑対向犯と相異刑対向犯に分類することができる。

　㋐　**同一刑対向犯**　前者の同一刑対向犯とは、例えば、重婚罪（184条）のように、対向犯的関与者の双方に同一の法定刑が定められているものである。

　㋑　**相異刑対向犯**　これに対し、後者の相異刑対向犯とは、例えば、贈収賄罪（197条以下）のように、対向犯的関与者のそれぞれに異なる法定刑が定められているものである。

　対向犯が、片面的対向犯なのか相面的対向犯なのか、さらに、同一刑対向犯なのか相異刑対向犯なのかは、ひとえに立法者の意思、立法当時の立法政策に大きく左右されることはいうまでもない。

(4)　形式的・実質的対向犯と法律的・事実的対向犯の関係

　さて、形式的対向犯は法律的対向犯と重なり合い、実質的対向犯は事実的対向犯と重なり合うことが多い。しかし、形式的対向犯・実質的対向犯の分類は、対向犯とされる根拠が立法者意思、刑罰法規その他形式的根拠にとどまっているのか、それとも、さらに形式的根拠の根底にある実質的原理によって根拠づけることができるかによる分類である。これに対し、法律的対

---

　6)「片面的対向犯」の名称については、鈴木義男／臼井滋夫ほか『刑法判例研究Ⅱ』（1968年）151頁参照。なお、対向犯の意義・種類について、西村克彦「必要的共犯とは何か──賄賂罪に関して」岡山大学・法経学雑誌14巻3号（1964年）1頁以下（西村克彦『犯罪形態論序説』〔1966年〕に収録）参照。

向犯・事実的対向犯の分類は、当該対向犯が刑法各則その他刑罰法規の文言そのもの、あるいはその解釈から導き出されるかどうか、その意味で、それが法律の条文上ないし解釈上の概念であるのか、それとも事実上の概念にとどまっているのかを規準とする分類である。

　言い換えると、形式的対向犯・実質的対向犯は、対向犯の形式的・実質的根拠に着目した分類であるのに対し、法律的対向犯・事実的対向犯の分類は、対向犯の法律的・事実的原由に着目した分類であり、分類規準が異なるのである[7]。

3　片面的対向犯の根拠

(1)　はじめに

　片面的対向犯、すなわち、対向犯的関与者の一方関与者のみが処罰される対向犯について、なぜ他方関与者は処罰されないのか、その根拠が問われる。この点に関する学説は、大きく分けて、形式的一元説、実質的多元説、そして、形式・実質多元説に分けることができる。

(2)　学説の状況

A　形式的一元説

　① **内　容**　片面的対向犯について、立法者意思という形式的な根拠をもって説明する見解があり、通常、「立法者意思説」といわれるが、「形式的一元説」と称するのが適当であろう[8]。

---

7) 西村克彦氏は、対向犯を「絶対的対向犯」（2個の実行行為の間に存する必然的な関与という対向関係が絶対的なもの。例：賄賂の供与と収受）と「相対的対向犯」（2個の実行行為の間に存する必然的な関与という対向関係が相対的なもの）とに分け、後者の相対的対向犯をさらに、対向する行為がともに罪となる「真正対向犯」（例：囚人が逃走する罪と、看守者等が囚人を逃走させる罪との関係）と、対向する行為の一方は罪とならない「不真正対向犯」（例：犯人・逃走者が他人に依頼して自己を蔵匿させる場合）に分類する。西村克彦「必要的共犯に関する試論」西村克彦『刑法運用論』（1991年）87頁（初出は、刑法雑誌25巻2号〔1983年〕349頁以下）参照。また、亀山継夫「破産犯罪に関する二、三の問題（その2）(1)」警察研究40巻2号（1969年）72頁も参照。注目に値する分類ではあるが、本書では、より一般化している分類を用いることにした。

8) 団藤重光『刑法綱要総論』（第3版・1990年）432～433頁、大塚仁『刑法概説（総論）』（第4版・2008年）276～277頁、大越義久『共犯論再考』（1989年）104頁など通説、最判昭和43・12・24刑集22・13・1625、判時547・93、判タ230・256、最判昭和51・03・18刑集30・2・212など判例と解されている。

この説によると、原則として、ある犯罪が成立するについて当然予想され、むしろそのために欠くことのできない関与行為について、立法者がこれを処罰する規定を設けなかったということは、関与を受けた側の可罰的行為の教唆犯・幇助犯として処罰することは、原則として、立法者の意図しないところであって、ただ例外的に、対向犯的関与者が「類型的に予想される範囲」を逸脱する「積極的かつ執拗な働きかけ」を行い、あるいは「積極的造意者」となった場合には、必要的共犯関係を逸脱するものであるから、総則の共犯規定の適用を受けることになるとする。

② **特　徴**　　この説については、第1に、立法者意思という形式的かつ一元的な規準を提示していること、第2に、対向犯的関与行為の定型性・通常性を重視してその射程範囲を画定する見解であること、そして、第3に、対向犯的関与行為の定型性・通常性の範囲を逸脱したか否か、具体的には、対向犯的関与者が「積極的働きかけ」を行い、「積極的造意者」となったか否かが共犯（特に教唆犯）成立の規準となっていることを特徴としてあげることができる。

B　実質的多元説

① **内　容**　　片面的対向犯について、立法者意思による形式的な根拠・理由にとどまることなく、個々の刑罰法規の趣旨・目的あるいは個々の犯罪の実質的な特質を考慮して、一方関与行為者の不処罰について多元的な実質的な根拠・理由をもって説明する見解があり、「実質的多元説」と称することができる。

例えば、ある論者[9]は、対向犯的関与者の一方関与不処罰の類型を3つに分類して説明する。第1は、不可罰の対向犯的関与者がその犯罪の被害者・保護対象と考えられる類型[10]である〔被害者・保護対象類型〕。この類

---

9) 鈴木義男・注6文献・148頁以下参照。また、瀧川幸辰「必要的共犯」『瀧川幸辰刑法著作集第4巻』（1981年）367頁以下、特に379頁以下（初出は、京都大学・法学論叢1巻1号（1919年）62頁以下）、佐伯千仞『共犯理論の源流』（1987年）221頁以下、特に231頁、295頁（初出は、宮本英脩博士還暦祝賀『現代刑事法学の諸問題』（1943年）393頁以下）、西村克彦・注7文献・80頁以下も参照。

10) 例えば、酒類・煙草を買い受けた未成年者、自己の殺害を嘱託した被殺者、勧誘に応じて淫行をした女子などであり、さらに、究極的には個々人の福祉を保護することが目的とみられる類型として、例えば猥褻物の販売・陳列がそれであるとする。鈴木義男・注6文献・156頁参照。

第5　対向犯について　107

型においては、たとえその者が積極的に働きかけたため相手方が犯罪行為に出るに至ったとしても、教唆犯として処罰されることはないとする。さらに第2は、不可罰の対向犯的関与者の行為が他人・社会国家の法益を害する性質のものではあるが、その違法性が処罰に値する程度に達しないため不可罰とされている類型[11]である〔可罰性欠如類型〕。この類型においては、必要的関与の程度を超えた行為については教唆犯・幇助犯としての責任を負う場合が少なくないとする。そして第3は、対向犯的関与者について期待可能性が低いために処罰されないと考えられる類型[12]である〔期待可能性低減類型〕。この類型においては、必要的関与の程度を超えた行為についてもなお同様の理由で処罰しないのが法の趣旨かどうかを検討して判断するほかないとする。

②　**特　徴**　この説については、第1に、立法者による規定形式ではなく、個々の刑罰法規の実質的な解釈により、対向犯的関与者の一方関与者不処罰の実質的根拠・射程範囲を導き出そうとしていること、第2に、対向犯的関与者の一方不処罰の関与者に共犯（教唆犯・従犯）の成立がありうるかという問題についても、すべて個々の刑罰法規の解釈の問題に還元して考察しようとしていることを特徴としてあげることができる。

C　形式・実質多元説

①　**内　容**　立法者意思を尊重しながら、対向犯的関与者の一方関与者不処罰の実質的な根拠をも探求しようとする見解があり、「形式・実質多元説」と称することができ、近時、有力となりつつある[13]。

この説によると、対向犯的関与者の一方関与者不処罰の類型には、3つの

11）例えば、淫行勧誘を教唆したうえで淫行の相手方となった者、守秘義務者を教唆して自己に秘密を漏泄させた者、債務者を教唆して強制執行を免れるための仮装譲渡を受けた者などがそれであるとする。鈴木義男・注6文献・156～157頁参照。

12）例えば、犯人の蔵匿・隠避や囚人以外の被拘禁者に対する逃走援助などがそれであるとするが、ここでは第1・第2の類型とは違った考慮が必要であるとする。鈴木義男・注6文献・157頁参照。

13）平野龍一『犯罪論の諸問題（上）総論』（1981年）190頁、西田典之「必要的共犯」『刑法の争点』（新版・1987年）122頁、丸山雅夫「必要的共犯」『刑法の争点』（第3版・2000年）113頁、西田典之『刑法総論』（第2版・2010年）378頁参照。この「形式・実質多元説」は、以前、関哲夫「背任罪の共同正犯についての一考察」『刑事法の理論と実践——佐々木史朗先生喜寿記念』（2002年）360頁では「折衷説」と名づけた見解である。

108　第2章　私見の前提

類型があるとする。第1は、刑罰法規が必要的共犯者を被害者と考え、その立場を保護しようとしているため、必要的共犯行為に違法性が欠如する類型[14]である〔被害者・保護対象類型〕。この類型においては、保護される立場にある被害者の必要的共犯行為は、正犯者にとって違法であっても、被害者である必要的共犯者にとっては違法ではないとする。したがって、被害者の必要的共犯行為がいかにその役割を超過することがあっても、共同正犯・共犯として処罰されることはないとする。第2は、必要的共犯者に期待可能性が無いか、期待可能性が低減している類型[15]である〔期待可能性低減類型〕。この類型においては、必要的共犯行為には有責性が欠如するのであるから、いかにその役割を超過する関与があっても、共同正犯・共犯として処罰されることはないとする。そして第3は、対向犯的関与者の一方関与者不処罰について、取り立てて実質的な根拠・理由を見出すことは難しいが、立法者によって法律要件上除外されているとされる類型である〔立法者意思類型〕。これは、対向犯的関与者の一方関与者不処罰について、何らの実質的な根拠・理由も見出しえない、あるいは実質的な根拠・理由は見出しうるが複雑多様であり、また鮮明でないとの理由で、立法者意思を根拠として設定せざるをえない類型である。この類型は、立法者が法律要件上除外した行為類型の範囲を超える行為については、「立法者の予定した範囲」を超えるものとして、総則の共同正犯・共犯規定により処罰されることになるとする。

　他方、新たな観点からこの説を主張する見解が存在する。すなわち、ある論者は、検討対象とする必要的共犯は限られているが、対向犯的関与者の一方関与者不処罰の類型を3つに分類するのである。第1は、「自己侵害的な関与」であり、「生命・身体などの個人的法益は他人の侵害からは保護されているが、自己の侵害からは刑法上保護されていない」のであり、それは、「自己侵害については、これを罰する構成要件が存在しない」と表現される類型である〔自己侵害構成要件欠如類型〕。例えば、嘱託殺人罪の場合、「構

---

14) 例えば、酒類・煙草を「売ってくれ」と頼む未成年者、自己傷害を他人に教唆する者、非弁護士に法律事務取扱を依頼する紛争当事者、猥褻文書販売罪の買受人などがそれであるとする。

15) 例えば、期待可能性が無い場合として、証拠隠滅、犯人蔵匿・隠避を唆す犯人、逃走行為を唆す逃走囚人などがそれであり、犯人自身がこれを実行すれば違法ではあっても、期待可能性が無い以上、共同正犯・共犯行為としても期待可能性がないとする。

成要件は『他人の』生命の侵害であり、『自己の』生命の侵害は刑法上問題とされていない」のであり、「自己侵害的な関与者は、法益を因果的に侵害することはできても、刑法的に重要な意味において侵害することができない」がゆえに、「ここでは、許されない危険を創出することは不可能である」[16]とするもので、この類型は立法者意思説の反映といえよう。第2は、「期待不可能性等の理由」による種類で、例えば、犯人蔵匿・証拠隠滅罪の保護法益は「刑事司法作用という国家的法益」であるが、「犯人蔵匿・証拠隠滅罪の構成要件から犯人の自己蔵匿・証拠隠滅行為が除外されていることから明らかなように、犯人の侵害からは刑法上保護されていない」、すなわち、「立法者は、期待不可能性等の理由から、犯人蔵匿・証拠隠滅罪については、犯人による侵害から刑事司法作用を保護することを断念した」と解されるとする[17]もので、この類型は実質的な期待不可能性を根拠とするものである〔期待不可能類型〕。そして第3は、「他者侵害的関与」の種類で、例えば、猥褻物販売罪（現行の猥褻物有償頒布罪——以下、同様）が典型例であり、この種類は、「取引型の犯罪」であり、「類型的に不特定または多数人を相手とする取引活動としてなされる行為」だけが、「刑法上許されない法益侵害」として「刑法上不法とされている」のであり、「取引当事者としてわいせつ物を購入する行為は、いかに熱心に販売を働きかけた」としても、本罪の教唆犯として処罰されることはないとする[18]もので、新たな実質的根拠を提示する類型といえよう〔取引型行為類型〕。

　②　**特　徴**　これら2つの形式・実質多元説については、第1に、実質的で多元的な根拠と形式的な立法者意思とを併用するものであり、実質的な多元説と形式的な一元説とを総合するものであること、第2に、対向犯的関与者の一方不処罰の根拠について、立法者意思を尊重しつつも、実質的な根拠・理由をも究明して、可能な限り違法性・有責性の問題に還元しようとしていること、そして第3に、形式的一元説のように、対向犯的関与者の一方

---

16) 豊田兼彦『共犯の処罰根拠と客観的帰属』（2009年）181〜182頁（初出は、立命館大学・立命館法学263号〔1999年〕185頁以下、264号〔1999年〕428頁以下、265号〔1999年〕601頁以下、266号〔1999年〕830頁以下）参照。
17) 豊田兼彦・注16文献・182頁参照。
18) 豊田兼彦・注16文献・183頁参照。

110　第2章　私見の前提

関与者不処罰の範囲を画定するについて、関与行為の「通常性・定型性」を
援用するものでないことを特徴としてあげることができる。

(3)　学説の検討

①　各学説について

A　形式的一元説について　　形式的一元説に対しては、すでに指摘され
ているように、定型性・通常性の概念が曖昧であるため、対向犯的関与者の
関与行為に関する可罰性・不可罰性の限界を明確に提示できないこと、ま
た、例えば猥褻物有償頒布罪において、対向犯的関与者が「通常性」の枠を
超えて働きかけた場合には教唆犯の成立を認めるが、例えば犯人蔵匿罪の教
唆については、そうした枠を設定することなく可罰性を肯定しており、この
説の前提となっている考え方が必ずしも一貫性していない、という批判が加
えられている。

　私見によれば、立法者意思は対向犯であるための端緒にすぎず、その限り
で、それは形式的な根拠・理由にとどまっている。むしろ、その形式的な根
拠・理由の根底にある実質的な根拠・基盤を解明することが重要であるし、
そうすることによって、片面的共犯の射程範囲も明らかとなるはずであ
る[19]。

B　実質的多元説について　　私見は、実質的多元説を妥当と考えるが、
この説に対しては、対向犯的関与者の一方関与者不処罰の類型のすべてを実
質的根拠で説明できるのかという疑問が提起されており、この疑問が、次の
「形式・実質多元説」が主張される契機ともなっている。

C　形式・実質多元説について　　形式・実質多元説に対しては、実質的
な根拠と立法者意思の双方を援用する場合に、両者の関係が不明確であり、
その不明確さのゆえに、立法者意思が「受け皿的な根拠」となってしまって
いること、立法者意思を併用したことにより、対向犯的関与者の一方関与者
不処罰の範囲について、この説が不明確であるとして排除したはずの「犯罪
の定型性」・「犯罪の通常性」という類型的・形式的な規準を用いる余地を認
めてしまっているなどの批判が可能であろう。また、この説の後者の見解に

---

19)　形式的一元説に対しては、「立法者の意思がそこにあるというのでは、本当の解決にはなるま
　い」（西村克彦・注7文献・84頁）との批判も加えられている。

対しては、区別の規準を、「類型的に不特定または多数人を相手とする取引活動としてなされる行為」か否かに求めているが、175条にはそうした規準によって可罰的か否かを区別しておらず、現行刑法と矛盾するし、破産法266条の債権者庇護罪における「特定の債権者」も必要的共犯として不可罰としている[20]が、この点を「不特定・多数人相手の取引活動」で根拠づけることができるか疑問があるのである[21]。

② **学説の帰結**　本項で考察した、対向犯的関与者の一方関与者不処罰の根拠・範囲に関する学説の検討から、以下のような帰結を導き出すことができよう。

㋐ **形式的視点から実質的視点へ**　第1に、必要的共犯・対向犯を分析する際に実質的な観点を導入したとき、対向犯的関与者の一方関与者不処罰について、実質的な根拠を究明しなければならないことが明らかとなる。その限りで、立法者意思という形式的な根拠は、この問題を解明するための「入り口」にすぎないのである。

また、必要的共犯・対向犯を分析するにあたって実質的な観点を導入したとき、対向犯の関与行為の「定型性・通常性」という形式的な枠組みを維持することはもはや不可能であって、片面的対向犯を根拠づけ、その射程範囲を画する実質的基盤を解明しなければならないのである。

㋑ **法律的対向犯から事実的対向犯へ**　第2に、実質的多元説を採るにしろ、形式・実質多元説を採るにしろ、対向犯的関与者の一方関与者不処罰の根拠について、実質的な観点を導入して実質的基盤を究明しようとするとき、刑法各則その他の刑罰法規の法律要件ないし文言から導き出される法律的対向犯（法文言上の対向犯＋法解釈上の対向犯）と事実的対向犯との種類分けは、名目的な意味を有するにすぎなくなるか、あるいは、全く意味をもたなくなってしまい、すべては実質的な対向犯の概念へと収斂していくことになる。つまり、法律的対向犯と事実的対向犯の区別は、その発生の契機が刑罰法規の法文言上・法解釈上のものか、それとも事実上の具体的事情によるも

---

20)　豊田兼彦・注16文献・114〜116頁参照。
21)　西田典之『共犯理論の展開』（2010年）239〜240頁（初出は、西田典之「必要的共犯」阿部純二ほか編『刑法基本講座第4巻』〔1992年〕260頁以下）参照。

112 第2章 私見の前提

のかという契機上の相違にあるにすぎず、対向犯、とりわけ片面的対向犯についての実質的根拠を解明していけば、すべて実質的対向犯として事実的対向犯の類別に収斂していくことになるのである。

　㋐　**総論的解釈から各論的解釈へ**　そのため、必要的共犯・対向犯の問題は、結局のところ、刑法各則その他の刑罰法規の個別解釈の問題へと還元されざるをえなくなる。というのは、対向犯は、つまるところ、個々の具体的犯罪の個別事情や個々の事案の具体的事実関係の特殊性を考慮しての概念に集約されていくからである。その結果、片面的対向犯においても、対向犯的関与者のうちの不処罰関与者について共同正犯・共犯（教唆犯・従犯）の成立があるかという問題も、すべて刑法各則その他の刑罰法規の個別解釈の問題に集約されることになるのである[22]。

(4)　**本書の立場**

　私見は、対向犯的関与者の一方関与者のみが処罰される対向犯について、なぜ他方関与者は処罰されないのかの問題については、実質的多元説を妥当と考える。

　立法者が対向犯的関与者の一方関与者のみを処罰する規定を設け、他方関与者を処罰する規定を設けなかったのには、やはり何らかの実質的な根拠ないし理由があると考えるべきである。その限りで、条文の規定形式は、片面的対向犯を考察する端緒にすぎない。重要なのは、立法者による規定の有無及びその形式ではなく、個々の刑罰法規を解釈することにより導き出される、対向犯的関与者の一方関与者不処罰の実質的な根拠、及びその範囲であって、それを究明するのが肝要である。また、対向犯的関与者の一方不処罰の関与者に共犯（教唆犯・従犯）の成立がありうるかという問題についても、個々の刑罰法規の解釈の問題に収斂されざるをえない。

　このようにして、私見の立場は、基本的に実質的多元説と同じ志向にあるといえる。

　私見に対しては、対向犯的関与者の一方関与者不処罰の類型のすべてを実質的根拠でもって説明することはできるのかという疑問が提起されている。

22）鈴木義男・注6文献・155頁、西田典之・注13文献（『刑法総論』）378頁、関哲夫・注13文献・361頁参照。

第 5 対向犯について 113

現在の学説の状況を見たとき、形式・実質多元説が有力なのは、対向犯的関与者の一方関与者不処罰について実質的な根拠を究明できない、あるいはその究明が難しいからであって、実質的根拠を究明する途上にあると考えられるし、そうした作業の途上として、形式・実質多元説が支持されていると考えられるのである。

この問題に関する研究が進展して、その実質的根拠が解明されることになれば、それらは実質的多元説に収斂していくことになるのであって、現在はいわば解明途上にあるといえるのである。

私見の詳細については、項を改めて述べることにする。

第3章 私見の内容

第6 私見──事実的対向犯説の提唱──

1 内容

(1) 形式的対向犯から実質的対向犯へ

　不正融資における貸付事務処理者・金融機関と借手との関係は、立法者意思、刑罰法規その他形式的根拠にとどまっている形式的対向犯ではなく、実質的原理によって根拠づけられる実質的対向犯である。つまり、実質的対向犯は、立法者意思や刑罰法規という形式的な発生原由を必ずしも必要とせず、事案の具体的な事実により、複数関与者の行為が互いに向きあう対向的な関係にあることが認められるものである。その意味で、刑法各則その他の刑罰法規の条文は、対向犯にとって、単なる「端緒」「契機」にすぎないのである。

　重要なのは、形式的違法性の概念と実質的違法性の概念との関係がそうであるように、立法者意思や、刑法各則その他の刑罰法規の法文言というような形式的な根拠を念頭に置きながら、その次元にとどまっているのではなく、その背後・根底にある実質的な原理・基盤の次元にまで解明の視点を深めていくことである。そうすれば、もはや形式的な根拠はその存在意義を喪失してしまい、解明のための契機、実質的観点を制約する形式的な枠組みの意味しか持たないことが明らかとなる。この点は、形式的対向犯と実質的対向犯の関係にも妥当し、すでに論述したように[1]、形式的対向犯と実質的対向犯は、器と中味、形式と実質という関係にある。結局のところ、形式的対

---

1) 本書・100頁以下参照。

116 第3章 私見の内容

向犯の概念は、常に実質的対向犯の概念に開かれ、実質的対向犯の概念へと収斂していく運命にあるのである。

(2) 法律的対向犯と事実的対向犯の併存

不正融資における貸付事務処理者・金融機関と借手との関係は、（特別）背任罪の条文の法文言（法文言上の対向犯）やその法解釈（法解釈上の対向犯）から導き出される法律的対向犯ではない。本罪に関する事案の具体的な事実関係や、当該事案の特別な事情を考慮したとき、そこには、法律的対向犯と同じ実態、すなわち、複数行為者の行為が当然に必要であり、しかも、それら複数行為者の行為が相互に向きあっている事態が存在しているのであり、法律的対向犯について論じられてきた構造は、この事実上の対向犯にも妥当すると考えられるのである。

私見は、これを「事実的対向犯」と称し、法律的対向犯と併存するものと解する。それは、事案の具体的な事実関係や事案の特殊性により、複数行為者の行為が当然に前提となっている必要的共犯のうち、複数行為者の行為が相互に対向する関係にある対向犯の一種と考えられるからである。

事実的対向犯は、必要的共犯、とりわけ片面的対向犯における一方関与者不処罰の実質的根拠を究明していく中で、自ずと浮かび上がってくるものであって、「対向犯は法律的対向犯に限るべきで、事実上の対向犯を認めることはできない」[2]という考えを一旦脇に置いて事態を率直に観察してみるならば、対向犯を法律的対向犯に限定する論理必然性がないことが明らかとなるのである。例えば、すでに指摘したように、詐欺罪（246条）の成立につき処分行為（交付行為）が必要であるとする判例・通説の立場を採ったとき、行為者側の欺罔行為と被欺罔者側の処分行為とは互いに向かい合った対向関係にあるという意味で、詐欺罪も対向犯であると性格づけることができる。ただ、対向関係にある一方関与者である被欺罔者・処分行為者は、欺罔されていることに気づかない「被害者」の立場にあるので、通常、詐欺罪は必要的共犯・片面的対向犯であるとは論じないし、またその必要もないだけのことである。しかし、その事実上の関係を実質的に観察したとき、詐欺罪もま

---

2) 例えば、山中敬一『刑法各論』（第2版・2015年）468頁参照。

た事実的対向犯の一種であることは明らかであるし、また、広い意味で、対向犯的関与者の一方関与者のみを処罰する片面的対向犯であると解することに何ら不都合はないのである。

また、こうした事実上の対向関係は、例えば、正当化事由（違法性阻却事由）にも看取することができる。正当防衛（36条）の場合、「急迫不正の侵害」を仕掛けてくる攻撃者の侵害行為と、それに対抗する防衛行為者の防衛行為とは、対向した関係にあるという意味で、対向犯としての側面を有している。しかし、急迫不正の侵害者の行為に対抗して防衛行為者の行為が必ずなされるとは限らないし、また、対向関係にある一方関与者である急迫不正の侵害者の行為は違法な行為であり、他方の防衛行為者の行為は、緊急状態下で正当化される行為であるので、正当防衛は対向犯であると論じる必要がないだけのことである。

事実的対向犯の概念については、残念ながら、学説において未だ充分に認知されているとは言い難い。しかし、不正融資における借手の刑事責任を検討する場合に、借手と貸付事務処理者・金融機関との関係が対向関係にあることはすでに多くの論者や判例によって認知されているのである[3]。

(3) 片面的対向犯の実質的根拠

さらに、不正融資における貸付事務処理者・金融機関と借手との関係は、対向犯的関与者の双方関与者を処罰する相面的対向犯ではなく、対向犯的関与者の一方関与者のみを処罰する片面的対向犯と考えることができる。ここでは、一方関与者である貸付事務処理者が（特別）背任罪で処罰されることはあるけれども、他方関与者である借手は、本罪の直接正犯として処罰されないのは勿論、本罪の（実行・共謀）共同正犯・共犯としても処罰されることはないのである。この点は、猥褻文書有償頒布罪（175条1項）と同じである。ただ、猥褻文書有償頒布罪は、その解釈にもよるけれども、刑法各則の条文によってその対向犯としての性格が認められる法律的対向犯である。しかも、一方関与者不処罰の根拠・理由が立法者意思にあると解するときは、

---

3) この点は、本書7頁以下の「判例の考察」・「学説の検討」を見れば明らかである。最近でも、学説では、井田良『刑法判例百選Ⅱ各論』（第7版・2014年）148頁以下、高橋則夫『刑法各論』（第2版・2014年）407頁以下、松原芳博『刑法各論』（2016年）347頁以下において、明確に意識されている。

これを形式的対向犯に分類することになる。しかし、その形式的な根拠の根底にある実質的な根拠を探究し、一方関与者は「被害者」であるから不処罰であるとして実質的根拠を提示するときは、これを実質的対向犯に分類できることになる。

これに対し、不正融資における貸付事務処理者・金融機関と借手との関係は、すでに述べたように、事実により認められる事実的対向犯であるし、一方関与者不処罰につき実質的な根拠・理由が存在する実質的対向犯である。すなわち、不正融資における貸付事務処理者・金融機関と借手との関係は、猥褻文書頒布罪と同じく、片面的対向犯という構造を有するものであるが、片面的対向犯としての実質的根拠は、猥褻文書頒布罪と同じではないのである。

私見によれば、不正融資における借手の刑事責任、特に（特別）背任罪の共同正犯・共犯の罪責を検討する場合には、必要的共犯における対向犯、それも事実的対向犯の中の片面的対向犯の構造を適用することができると考える。そして、片面的対向犯における一方関与者である借手が不処罰であることの実質的な根拠を端的に指摘するならば、それは「利害の対立・対向」にあるということができる。

2 私見の旧説

私見の事実的対向犯説の根拠に入る前に、私見の旧説について説明しておく必要があろう[4]。

(1) 事実的対向犯の構造

私見の旧説は、事実的対向犯（片面的対向犯）の構造を用いながらも、片面的対向犯の根拠について、類型性欠如説を援用していた。すなわち、旧説において、不正融資に関し、融資をする貸付事務処理者・金融機関と融資を受ける借手とは、融資という事実を挟んで、互いに利害を異にして向きあっている対向関係にあるが、この対向関係は、法文言上あるいは法解釈上、一般類型的に予定されている本来の意味の対向犯（法律的対向犯）ではないけれど

---

4) なお、本書・97頁以下も参照。

も、いわば事実上の対向犯と考えることができるとして、事実的対向犯の構成を提示したのである[5]。

(2) 片面的対向犯の根拠

そして、片面的対向犯における一方関与者不処罰の根拠について、「対向犯の場合、対向関係にある者のうち一方の行為者についてだけ処罰規定がある場合、他方の行為者は、少なくとも通常の関与形態では共犯規定の適用を受けることはないと解されている」として、「対向犯的関与行為の定型性・通常性」を規準とする形式的一元説を主張していた[6]。

ここでいう「通常の関与形態」は、「対向犯的関与行為の定型性・通常性」の範囲内の関与形態を念頭に置いたものであり、構成要件の理論による定型的思考を採っていたものである。すなわち、不正融資における借手が、「通常の関与形態」を超えるような加功行為を行った場合、具体的には、「積極的かつ執拗に働きかけた」場合には、共同正犯・共犯の成立の余地があることを肯定していたのである[7]。

しかし、構成要件の理論を前提にし、形式的一元説に依拠して提示した「通常の犯罪形態」という規準は、構成要件の概念がそうであるように、その内容は不明確で、判断規準としては有効に機能しないのではないか。そのため、旧説に対して、「『通常の犯罪形態』を超える場合がどのようなものであるのかが実質的に考察される必要がある」し、そうでない限り、「理論的には殆ど何も進展していないに等しい」という批判[8]が加えられた。また、旧説によると、借手につき（特別）背任罪の共同正犯の成立が否定されても、

---

5) 関哲夫／佐々木史朗編『特別刑法判例研究1巻』（1998年）186～187頁（初出は、判タ927号〔1997年〕56頁以下）参照。

6) 関哲夫・注5文献・186～187頁。

7) 佐伯千仞『共犯理論の源流』（1987年）293頁（初出は、宮本英脩博士還暦祝賀『現代刑事法学の諸問題』（1943年）393頁以下）、団藤重光『刑法綱要総論』（第3版・1990年）432頁、大塚仁『刑法概説（総論）』（第4版・2008年）276頁、大谷實『刑法講義総論』（新版第4版・2012年）395頁、野村稔『刑法総論』（1990年）376頁、最判昭和43・12・24刑集22・13・1625、判時547・93、判タ230・256参照。

8) 中森喜彦「背任罪の共同正犯」研修609号（1999年）5頁、伊東研祐「特別背任罪における正犯性」『板倉宏博士古稀祝賀・現代社会型犯罪の諸問題』（2004年）284頁、島田聡一郎「取引の相手方による背任行為への加功――銀行取引を中心に――」上智大学・上智法學論集50巻3号（2007年）47頁、島田聡一郎「対向的取引行為と背任罪の共同正犯」山口厚編著『クローズアップ刑法各論』（2007年）331頁参照。

120　第3章　私見の内容

共犯（教唆犯・従犯）成立の余地が存在しており、その点でも不徹底な見解であったと認めざるをえない。

　こうした規準の曖昧さという問題点を解決し、共犯成立の余地という不徹底さを克服するためには、事実的対向犯の構成はそのまま維持しながらも、旧説を改め、片面的対向犯における一方関与者不処罰について、実質的な根拠を探求しなければならないと考えた。そして、対向犯、とりわけ片面的対向犯の実質的な根拠を明らかにすることによって、借手につき（特別）背任罪の共同正犯だけでなく共犯（教唆犯・従犯）の成立も否定すべきであることが、必然的に帰結されたのである。

　このように、旧説を改めることにした背景には、構成要件の理論の類型的・定型的思考法から脱して、法律要件論の要件的・条件的思考法を採るべきであるという認識があったことも事実である[9]。

3　私見の根拠

　不正融資における借手の刑事責任について、事実的対向犯の構成を援用する私見を「事実的対向犯説」と名づけるとき、その根拠として、以下の諸点をあげることができる。

(1)　利害の対立・対向

　金融機関の役職員が不正融資を行った場合、特に回収に困難が予想されるにもかかわらず無担保もしくは充分な担保を徴求することなく貸付を行った場合、そこには、まず、借手と金融機関・貸付事務処理者との利害が対立・対向している事実が存在していることを認識する必要がある。具体的にいえば、借手は、例えば、自己の経営する会社の倒産を回避し、あるいは経営状態の改善・回復を図るために、是非とも金融機関から（継続）融資を受けられるように努力・画策しようとする。他方、金融機関は、企業組織体として、融資に伴う危険を回避するため、稟議手続の履践、監査制度の活用を図り、また防衛手段として、担保の徴求、決済資金の拘束、割増手数料の徴収、上乗せ金利の徴収などの防衛措置を講じようとする。すなわち、そこで

---

9)　構成要件の理論の定型的思考から法律要件論の要件的思考への転換については、関哲夫『講義刑法総論』（2015年）84頁以下を参照。

は、融資を挟んで、借手と金融機関・貸付事務処理者との利害が対立・対向している実態が存在しており、借手と金融機関・貸付事務処理者との利害は、対立・対向する関係にあるがゆえに、同一次元で考察することになじまない関係が存在しているのである。

この点について、千葉銀行特別背任事件に関する東京高裁昭和38年判決[10]が、「借手の立場は、銀行の立場とは全く別個の利害関係を有する立場である」から、「銀行の立場又は第三者の立場を離れ、銀行頭取の有する任務違背の認識とは独立して、借手の立場を中心として判断しなければならない」と判示し、また、北國銀行事件に関する差戻し後の名古屋高裁平成17年判決[11]が、「本件代位弁済に関しては、北國銀行と協会とは利害が反する『対向関係』にあるが、その北國銀行の代表取締役頭取である被告人が、相手方である協会の役員に対し、北國銀行に有利な取扱いを要請し、働きかけること自体は、その職責上いわば当然である」と判示しており、私見と同様の認識を示している。

事実上の利害の対立・対向の関係が存在するということは、法律的に解釈すれば、「借手が貸付事務処理者の『任務違背行為』を『自己の犯罪』として実現したので『両者一体の共同正犯』の関係が認められる」ことはありえないことを意味する。というのは、対立・対向している借手と金融機関・事務処理者との利害は、およそ互換性ないし一体性が認められる性質のものではないからである。

(2) 内部的信任関係

翻って、（特別）背任罪の本質を見たとき、学説においては、本人と事務処理者の間の信任関係を重視する見解と、事務処理者の権限を重視する見解とがあるが、近時、（特別）背任罪の成立範囲を限定しようとする試みがなされている[12]。そこにおいて注目されるのは、（特別）背任罪で前提とされるべき

---

10) 千葉銀行特別背任事件・東京高判昭和38・11・11（判例集不登載）。本書30頁以下参照。事実関係の詳細は、第一審判決である千葉銀行事件・東京地判昭和36・04・27下刑集3・3＝4・346参照。

11) 北國銀行事件・名古屋高判平成17・10・28高裁刑事裁判速報平17・285（差戻し後の控訴審判決）、中日新聞2005年（平成17年）10月29日（土）朝刊参照。

12) 例えば、㋐特定の高度な信任関係を要求することによって（特別）背任罪の成立範囲を限定しようとする限定背信説を主張するものとして、団藤重光編『注釈刑法(6)』（1966年）275頁〔内

122　第3章　私見の内容

信任関係は、本人と事務処理者との「内部的信任関係」であって、対向的な取引関係にある者相互間の「対向的信任関係」は（特別）背任罪の基盤とはなりえないことが指摘されていることである[13]。これによると、（特別）背任罪は組織的な経済活動・財産運用の場面における信頼違反行為による財産侵害を中核とする犯罪であり、（特別）背任罪の前提となる信任関係は、委託者と受託者との組織的・有機的な結び付きと、受託者による委託者の分身・手足・頭脳としての財産管理・財産処分への実質的な関与を前提とした、組織的・有機的な関係における「内部的信任関係」である。そして、この信任関係の前提となる事務も、受託者が委託者の分身・手足・頭脳となって財産管理・財産処分に実質的に関与する事務であるとする。したがって、（特別）背任罪における事務処理者は、委託者と受託者との組織的・有機的な結合関係を前提とし、組織的な経済活動・財産運用の場面における「内部的信任関係」において、本人の経済活動の延長として、本人に対する内部関係において実質的な財産的事務を処理する法的義務を負う者を意味することになる。そのため、本人の経済活動の外にあって、本人に対していわば対向的関係において義務を負うにすぎない者はこの事務処理者には含まれないのであり、そうした者についてはむしろ詐欺罪が問題となるにすぎないことになるとするのである[14]。

　ここでは、「委託者と受託者との組織的・有機的な結び付きと、受託者による委託者の分身・手足・頭脳としての財産管理・財産処分への実質的な関与を前提とした、組織的・有機的な関係における内部的信任関係」という構

　　藤謙）、林幹人『刑法各論』（第2版・2007年）268頁以下、曽根威彦『刑法各論』（第5版・2012年）184頁、④（特別）背任罪において前提とされるべき信任関係は、受託者が委託者の分身・手足・頭脳として財産管理・処分に実質的関与することを前提とした組織的・有機的関係における内部的信任関係であるとし、（特別）背任罪の成立範囲を画定しようとする内部的信任関係説として、平川宗信「背任罪」芝原邦爾ほか編『刑法理論の現代的展開・各論』（1996年）239～240頁、山口厚『問題探求刑法各論』（1999年）201頁、さらに、⑦本人の財産処分についての意思内容決定を委託された者が事務処理者であると解して（特別）背任罪の成立範囲を限定しようとする意思内容決定説として、上嶌一高『背任罪理解の再構成』（1997年）245頁などがある。

13）これは、主に限定背信説からの試みである。平川宗信・注12文献・240頁、平川宗信『刑法各論』（1995年）389頁、山口厚・注12文献・201頁参照。

14）平川宗信・注12文献・238頁以下、平川宗信・注13文献・388頁以下、山口厚・注12文献・201頁参照。

造が承認されていることに注目すべきである。これは、取引の自由と安全の観点からみた場合、不正融資における借手は、本人（金融機関）の事務処理者ではないため、本人との関係で任務・権限を欠き、事務処理者と実質的に等置しうる事実的な事務処理関係・事務処理権限の基盤を欠いているだけでなく、身分者たる事務処理者とは取引の利害が対立・対向しているため、本人への財産上の損害という結果は、一方当事者である事務処理者にのみ、異なる性格のものとして帰属されるにすぎないとする考え方[15]に通ずるものがあるのである[16]。

また、「委託者と受託者との組織的・有機的な結び付きと、受託者による委託者の分身・手足・頭脳としての財産管理・財産処分への実質的な関与を前提とした、組織的・有機的な関係における内部的信任関係」のうち、「委託者と受託者との組織的・有機的な結び付きと、受託者による委託者の分身・手足・頭脳としての財産管理・財産処分への実質的な関与を前提とした」という部分については、さらに検討を要するところであるが、「組織的・有機的な関係における内部的信任関係」という部分については、私見の前提認識と通じるところがあるといえよう。

(3) 実行行為への加功の困難性

他方、事務処理者の任務違背行為の性格にも注目しなければならない。すなわち、（特別）背任罪は、事務処理者が自己に委託された任務に違背する行為を通じて、本人に財産上の損害を与えることで成立する犯罪であり、事務処理者が任務違背行為を欠いた場合には、たとえ財産上の損害が発生しても本罪は成立しない。しかも、（特別）背任罪の実行行為そのものはもっぱら事

---

15) 長井圓「背任罪における自己答責原理と取引相手に対する共犯の成否——北国銀行事件控訴審判決をめぐって——」神奈川大学・神奈川法学35巻3号（2002年）125頁以下、伊東研祐「特別背任罪における正犯性——非身分者による共犯の成否——」『板倉宏博士古稀祝賀論文・現代社会型犯罪の諸問題』（2004年）286頁以下参照。

16) 新しい権限濫用説（例えば、内田文昭『刑法各論』〔第3版・1996年〕345頁、前田雅英『刑法各論講義』〔第6版・2015年〕280頁）や、「背信的権限濫用説」（例えば、大塚仁『刑法概説（各論）』〔第3版増補版・2005年〕317頁、大谷實『刑法講義各論』〔新版第4版補訂版・2015年〕326頁）においても、社会観念上、行為者がその権限を濫用したか否か判断する際には、行為者に与えられている事実的事務処理権限の範囲を含めて本人との事務処理委託の信任関係を考慮せざるをえない以上、「本人との対内的信任関係」の要素が重要であることに変わりはない。

務処理者によって行われるのであり、融資においては、金融機関の貸付事務
処理者がその実行行為を専権的に行うのであり、借手は実行行為に直接加功
することはできないことに留意する必要がある[17]。これは、およそ借手に
（特別）背任罪の実行共同正犯を認めることはできないことを意味し、借手に
共同正犯が認められるとすれば、それは共謀共同正犯ということになる。

たしかに一般論としては、非身分者であっても、身分者の実行行為に共同
加功することによって、法益侵害ないしその危険性を惹起することは可能で
ある。しかし、その場合に共同正犯の成立を肯定することができるのは、非
身分者が、共同実行の意思と共同実行の事実をもって身分者と一体となって
一定の犯罪を実現したと認定できるからである。

不正融資における借手の刑事責任について問題となる共謀共同正犯につい
ては、判例の言葉を借りれば、身分者と非身分者とが、特定の犯罪を実現す
るために、「共同意思の下に一体となって互に他人の行為を利用し、各自の
意思を実行に移すことことを内容とする謀議をなし、よって犯罪を実行した
事実がみとめられなければならない」[18]のである。すなわち、借手が、貸付
事務処理者の任務違背行為という実行行為につき、貸付事務処理者と同一の
利害のもとで一体となり、自己の犯罪として共同加功したといえる場合にの
み、借手につき（特別）背任罪の（共謀）共同正犯の成立が認められることに
なるのである。

しかし、不正融資においては、身分者である貸付事務処理者の利害と、非
身分者である借手の利害とが対立した関係にあり、融資を挟んで、貸付事務
処理者の貸付行為と借手の融資依頼行為ないし被融資行為とが対向しあって
いる関係にあるため、両者の立場の互換性・一体性を前提とするような構成
はおよそ採ることはできないのであって、借手に（特別）背任罪の（共謀）共
同正犯（・共犯）を認めるのは困難なのである[19]。それは、対内的な事務の
性格を有する貸付事務処理者の任務に、対向関係にある部外者は関与できな
いからであるし、対立・対向関係にある双方の立場に互換性・一体性がない

---

17) 藤木英雄『経済取引と犯罪』（1965年）242頁参照。
18) 練馬事件・最大判昭和33・05・28刑集12・8・1718、判時150・6〔百選Ⅰ・75〕参照。
19) 金融機関ないし貸付事務処理者の側に立って、借手に背任行為の（共謀）共同正犯を認めるの
は、コーポレート・ガバナンスの観点からいっても適当とは思われない。

以上、（特別）背任罪につき共同実行の意思も共同実行の事実も観念できないからである。

　以上のように、私見によれば、不正融資における借手の刑事責任を考察する場合、被融資側の借手と融資側の貸付事務処理者・金融機関との利害が対立・対向しているという「対向的利害関係」の実態が存在していることを前提にすべきである。そして、問題となる（特別）背任罪は、事務処理者が自己に託された任務に違背することを通じて、本人（金融機関）に財産上の損害を加えることを本質とする犯罪であり、本罪の成立にとって、事務処理者の任務違背行為の存在が不可欠となっている。しかも、本罪の実行行為それ自体は、もっぱら事務処理者によって行われ、借手は実行行為に直接加功することはできないのであって、本罪の実行行為は、融資側の事務処理者が専権的に行うものである。つまり、本罪おける事務処理者と本人との関係は対内的な関係にあり、そこから生じる事務処理者の行うべき「事務」は、本人との関係では対向的な事務としての性格を有してはいても、信任関係に基づいて、本人のために、本人に代わって、誠実に行われるべき事務であり、あくまでも対内的な事務としての性格を有しているのである。

(4) 違法性の欠如

　また、融資を受ける借手の行為には違法性が欠如していることも指摘することができる。たしかに、借手の行為は、金融機関の事務処理者の行為を介して金融機関（本人）の財産的法益を侵害するものではあるが、しかし、それは金融機関側に立っての認定であり、それをそのまま、利害の対立・対向する借手側の行為の認定に妥当させることは適当ではないのである。金融機関・貸付事務処理者と利害の対立・対向する借手側の視点に立つならば、借手の行為は、会社経営に携わる者に要求される当然の努力・画策をしたことによる結果であるにすぎない。自己の経営する会社の倒産を回避し、経営状態の改善・回復を図るために、何とか金融機関から（継続）融資を引き出そうと努力・画策をすることは、融資を受ける借手側の視点に立って見たとき、融資取引において、通常は許容されるべき行為ないし違法性がきわめて低減した行為といえるからである。それは、借手に貸付事務処理者を利用した（特別）背任罪の間接正犯を肯定するのが困難であることを想起すれば明

らかであろう。

　逆に、会社経営者が、一度は金融機関に（継続）融資を依頼したが、断られたので、（継続）融資を受けることをあっさりとあきらめ、（継続）融資を引き出す努力・画策をしないで会社の倒産の危険を放置したとき、それは、その会社ないし社員に対する背任行為となってしまいかねないであろう。そのとき、視点を変えてみて、融資側の貸付事務処理者が、㋐「自己の行為により、会社経営者を通じて、被融資側の会社に財産上の損害が生じることを認識」し、㋑「会社経営者の行為が任務違背行為であることについて（意味の認識も含めた）認識」し、かつ、㋒「会社経営者が違法な行為に出ることを予測させる事情が認められる（正犯者の決意、あるいはその客観的な兆候が存在していることの認識、あるいは自己の行為が会社経営者に犯行を決意させるに足るものであることの認識、が必要）」場合であっても、貸付事務処理者に、会社経営者に成立する背任罪につき共同正犯を認める論者などおよそいないであろう。それは、そこに違法性の断絶が存在すると暗に認めているからにほかならないのではないだろうか。

　結局、融資側の貸付事務処理者の任務違背行為と被融資側の借手の融資依頼行為ないし被融資行為との間には、違法性の断絶が存在しているのである。借手の立場からいえば、借手の行為の違法性は減弱しているのであり、その限りで、違法の連帯性が遮断されていると考えられるのである。

⑸　期待可能性の低減

　さらに、借手には、金融機関から（継続）融資を受けようと努力・画策するについて期待可能性が低減しているとも考えられる。自己の経営する会社の不渡りを何とか回避して倒産を防ぐために、早急に運転資金を獲得しようと努力し、情報収集してそのための画策をすることは、経営者として当然なすべき行為であろう。まして従業員を抱えている会社の経営者であってみれば、家族同然の従業員の生活を守るために倒産を回避したいと考え、現在の危機的状況を脱すれば何とか経営状態の改善・回復を図ることができると考えるのは、その経営判断に甘いところがあり、客観的に見れば合理性に欠ける点があったとしても、それは無理からぬ心情ともいえる。

　すなわち、事後的・客観的に判断すれば、そこに合理的な経営者としての

適切かつ冷静な判断に欠けるところがあったとしても、また、結局は倒産を回避することができず、金融機関に財産的損害をもたらすことも充分ありうると予想していたとしても、金融機関の事務処理者の「任務違背行為に共同加功した」として刑罰をもって非難すべきものであるのか、大いに疑問があるのである。

　ここでは、貸付事務処理者と借手とでは、可罰的な期待可能性の許容限界量が、その立場の違いに対応して異なっているのであり、両者の有責性の判断は別異になされなければならないのである。

4　小　括

(1)　事実的対向犯の構成

　以上のような不正融資の事実関係・個別事情を考慮するならば、この種の事案を事実的対向犯とし、対向犯的関与者の一方行為者を不処罰とする犯罪類型の構成を応用して、背任行為の相手方である借手を不処罰とするのが合理的なのである。

　こうした構成は、たしかに（特別）背任罪の条文の文言やその解釈からは直接に出てこないけれども、立法者意思に反するものとは考えられない。例えば、「出資の受入れ、預り金及び金利等の取締りに関する法律」（1954年・昭和29年法律第195号）は、いわゆる浮貸しを禁止し（3条・7条）、違反行為を罰している（8条）。その趣旨は、金融機関の役職員等がその地位を利用していわゆるサイドビジネスをすることは、当該金融機関、さらには金融機関全体及び金融制度そのものの信用を失墜させ、一般預金者に不慮の損害を被らせるおそれがあるので、これを取り締まるものである[20]と説明されている。他面、金銭の貸付けにおける借受人には、浮貸しの罪についての共同正犯・共犯は成立しないと解されている。というのは、借受人の行為は、事柄の性質上、同罪が成立するについて当然に予想されるところの関与行為であるにもかかわらず、これを処罰する旨の明文の規定を欠いているので、これを同罪の共同正犯・共犯として処罰するのは法の意図しないところと解されてい

---

20) 山口裕之「出資法3条（浮貸し等の禁止）違反の罪」金融法務事情1275号（1991年）18～19頁、齋藤正和編著『新出資法』（2012年）117頁以下参照。

128　第3章　私見の内容

るからである[21]。

一方は、サイドビジネスとしての浮貸しの罪、他方は、不正融資における（特別）背任罪、また、一方は、立法形式に直接手がかりがあり、他方は、立法形式に直接手がかりがあるわけではないという相違はある。しかし、両者を実質的な観点で考察し、浮貸しの罪の趣旨を不正融資の事案に敷衍するならば、不正融資における借手には（特別）背任罪の共同正犯・共犯は成立しないと解釈されるべきなのである。（特別）背任罪の処罰対象は任務違背行為それ自体であること、任務違背行為はもっぱら貸付事務処理者によって行われる専権的行為であること、借受人は実行行為に直接加功することはできないこと、借手と金融機関・貸付事務処理者との利害は対立関係にあり、両者の行為も対向関係にあり、対内的な信任関係を対向関係にある外部者に及ぼすことはできないこと、対向的な取引関係にある者相互間の対向的信任関係は（特別）背任罪の基礎にはなりえないこと、そして、借受人の行為は（可罰的）違法性が欠如しており、また期待可能性も低減していることなどを考慮すると、被融資側の借手に本罪の共同正犯・共犯を認めることは困難なのである[22]。

(2)　要　約

不正融資の相手方である借手に（特別）背任罪の共同正犯・共犯が成立しないのは、借手の行為と貸付事務処理者（金融機関）の行為との関係が、立

---

21) 山口裕之・注20文献・27頁、斎藤正和編著・注20文献・146頁、住友銀行青葉台支店不正融資仲介事件・東京地判平成6・10・17刑集53・6・537、判時1574・33、判タ902・220参照。なお、軽油引取税の特別徴収義務者が同税を徴収せずに通常よりも安価で軽油を販売していることを知りながら軽油を購入した者に、同税不納入罪の共同正犯・幇助は成立しないとした熊本地判平成6・03・15判時1514・169、判タ863・281も、（特別）背任罪の事案ではないが、参考となろう。

22) シューネマン氏の「日常生活の通常の行為」と共犯の問題に関する指摘を受けて、松宮孝明氏は、「このような関与は『社会的に見れば』犯罪を促進する性格のものと見られないとか出来事の主役は被害者自身であるとか、そういった出来事の『社会的解釈図式』に依拠しなければ適切な解決は図れないのである」と提唱している。氏が提唱するこの概念は、多様な要素が結合した共犯現象を説明する「枠組み」としては使えるけれども、そうした共犯現象を解きほぐすための概念道具としてはあまりにも一般的にすぎ、判断規準としては不明確であり、その意味で、今後さらに検討する必要のある概念といえよう。ベルンスト・シューネマン／斎藤誠二訳「客観的な帰属をめぐって」刑法雑誌37巻3号（1998年）299頁、松宮孝明「『正犯』と『共犯』——その根拠と限界——」刑法雑誌39巻2号（2000年）271〜272頁、松宮孝明『刑法総論講義』（第4版・2009年）290頁以下参照。なお、松宮孝明『刑法総論講義』（第5版・2017年）292頁以下も参照。

法者意思や本罪の条文やその解釈という形式的な観点から認められる形式的対向犯であるからではないし、（特別）背任罪の本質として一般類型的に対向犯の関係にあるからではない。それは、融資に係る具体的な事実関係や、不正融資の事案における事実状態、さらに（特別）背任罪の具体的な事実面に係る実質的な観点から認められる実質的対向犯であるからであるし、本罪の事実面として個別具体的に対向犯の関係にある場合が存在するからでもある。

　そして、不正融資の相手方である借手の刑事責任については、事実的対向犯として、対向犯的関与者の一方不処罰の類型、つまり片面的対向犯と同じように考えることができるのであるが、それは、本項で示したような実質的な根拠が存在するからである。しかも、先の検討からも明らかなように、これは、共犯（教唆犯・従犯）の成立をも否定するものである。

130 第3章 私見の内容

第7 私見への批判と反論

1 はじめに

私見の事実的対向犯説（以下、「本説」という。）に対しては、いくつか疑問・批判が寄せられている[1]。

以下では、これらの疑問・批判に答えながら、本説の妥当性を明らかにしていきたい。

2 批判と反論

(1) 猥褻物有償頒布罪の場合と同視できない

① **批 判** ある論者は、本説が不正融資における借手の刑事責任につき、必要的共犯の片面的対向犯の構成を援用することについて、次のような疑問を提起している。

「本人である株式会社に対する任務違背行為によって財産上の損害を生じさせるという特別背任罪の性格や、背任行為者と取引相手とは本来的に利害が対立していること等、わいせつ物を販売する者と購入する者との関係とは大きく異なっている」ことを考慮すると、「必要的共犯の対向犯についての一般論を特別背任行為の取引相手にそのまま適用してよいのであろうか。」[2]

---

1) 2005年6月19日（日）に北海道大学で開催された「日本刑法学会第83回大会」の「ワークショップ・不正融資における借手の刑事責任（背任罪・特別背任罪）」において、会員の方々から、私見に対して疑問・批判が提起された。この点については、関哲夫「不正融資における借手の刑事責任（背任罪・特別背任罪）」刑法雑誌45巻3号（2006年）548頁以下参照。また、論文においては、中森喜彦「背任罪の共同正犯」研修609号（1999年）5頁、林幹人「背任罪の共同正犯」判時1854号（2004年）3頁以下、伊東研祐「特別背任罪における正犯性」『板倉宏博士古稀祝賀・現代社会型犯罪の諸問題』（2004年）275頁以下、橋本正博『平成15年度重要判例解説』（2004年）174頁、内田幸隆「背任罪の共犯──不良融資における借り手の刑事責任──」早稲田大学・季刊企業と法創造2巻1号（2006年）27頁以下、上田正和「対向的取引と特別背任罪の共犯」大宮法科大学院大学・大宮ローレビュー3号（2007年）5頁以下、島田聡一郎「取引の相手方による背任行為への加功──銀行取引を中心に──」上智大学・上智法學論集50巻3号（2007年）19頁以下、西田典之・金融法務事情1847号（2008年）15頁、山中敬一『刑法各論』（第3版・2015年）468頁などにおいても、私見に対して疑問・批判が提起された。

2) 上田正和・注1文献・17頁参照。

② **反　論**　㋐　**片面的対向犯の構造**　　論者の疑問は、本説が片面的対向犯の構造とその根拠とをはっきりと分けて論述しなかった説明不足に起因するものと考えられる。

必要的共犯のうちの対向犯について、それを解明するための理論構造の問題、すなわち、当該犯罪又はその事案・事情の特殊性を考慮したときに対向犯としての構造を有しているのかという問題と、それが片面的対向犯であるための実質的根拠の問題、すなわち、対向犯的関与者の一方関与者が不処罰である実質的根拠は何かという問題とは、それぞれ区別して考察する必要がある。

不正融資の借手の刑事責任について、本説が、猥褻物有償頒布罪における買受人の場合と同じく、必要的共犯のうちの片面的対向犯という構造を有していると指摘したのは、一方関与者である借手と他方関与者である金融機関・貸付事務処理者との関係を説明するための構造の問題として指摘したものである。すなわち、不正融資の事案・事情の特殊性を考慮したとき、そこに必要的共犯の対向犯としての構造を看取できることを明らかにしたいがためである。したがって、事実的対向犯の構造の根底にある片面的対向犯、つまり、一方関与者不処罰の実質的根拠については、また別に検討する必要があるのである。

要するに、片面的対向犯という理論構造と、一方関与者不処罰の実質的根拠とは、別次元の問題として検討する必要があるということである。

　㋑　**片面的対向犯の実質的根拠**　　片面的対向犯における一方関与者不処罰の実質的根拠については、学説において様々な視点から考察されていることは、すでに見たとおりである。

本説は、不正融資における借手の刑事責任について、融資における借手と金融機関・貸付事務処理者との利害の対立・対向関係、双方の行為の対向関係を前提に、(特別)背任罪における内部的信任関係の存在、背任罪の実行行為への直接加功の困難性、借手の加功行為における違法性の欠如、借手の期待可能性の低減などを借手の不処罰の実質的な根拠として提示したのである。

これらの点は、疑問を提起した論者の趣旨とは異なり、融資をする者と融資を受ける者との関係における方が、猥褻物を販売する者と購入する者との

132　第3章　私見の内容

関係におけるよりも、より強く妥当するものと考えられる。

⑵　立法者意思に反する

①　**批　判**　本説に対しては、そもそも対向犯とは法律的対向犯を意味するのであって、事実的対向犯を認めることは立法者の意思に反する[3]という批判が加えられる。この批判は、必要的共犯というのは、同一条文に規定された一つの犯罪の全体についていえない限り、これを認めることはできないという見解を採っているから出てくる批判と考えられる。この点は、例えば、次のような論述にうかがうことができる。

> 「不正融資は背任罪の一類型に過ぎないのであって、（特別）背任罪には、粉飾決算による違法配当、リベートによる利得、利益相反行為、営業外支出なども含まれる以上、その一部にすぎない不正融資についてのみ必要的共犯の理論を適用することには無理がある」[4]。

つまり、支配的見解は、同一条文に規定された一つの犯罪類型が全体として必要的共犯・対向犯と認められない限り、必要的共犯・対向犯として認めることはできないと考えているようである。

②　**反　論**　はたして、立法者は、必要的共犯・対向犯は同一条文に規定された犯罪の全体について認められなければならないと考えているのであろうか。むしろ、本説は、そうした支配的見解の理解に疑問を提起したいところである。すなわち、支配的見解が前提とする、「必要的共犯・対向犯は、同一条文に規定された犯罪の全体について認められなければならない」という命題は妥当していないのではないか、そのような解釈に合理性はないのではないか、と考えるものである。

第1に、同一条文に規定されていても、必要的共犯・対向犯といえるものとそうでないものとが混在している場合があることを指摘したい。例えば、猥褻物頒布罪は、有償・無償を問わず175条1項に規定され、有償頒布目的での所持・保管の行為は同条2項に規定されているが、同条1項には、猥褻文書等の公然陳列も規定されている。しかし、同じ175条1項に規定されていても、公然陳列については必要的共犯・対向犯とは解されていない。とい

　3）関哲夫・注1文献・550頁で紹介したワークショップでの議論を参照。
　4）西田典之・注1文献・15頁参照。

うことは、「必要的共犯・対向犯は、同一条文に規定された犯罪の全体について認められなければならない」という命題は、ここでは妥当していないといわざるをえない。

第2に、たしかに、⑦当該刑罰法規の法文言を直接の原由とする法文言上の対向犯は存在する。例えば、猥褻物頒布罪（175条1項）、重婚罪（184条）、贈収賄罪（197条以下）などが、それである。しかし、それに限らず、⑦当該刑罰法規の解釈を原由とする法解釈上の対向犯も現に認められている[5]。例えば、弁護士法（1949年・昭和24年法律第205号）72条（非弁護士の法律事務の取扱い等の禁止）[6]に関し、弁護士でない者に報酬を払って自己の法律事件の解決を依頼した者の刑事責任、具体的には、弁護士でない者の違反行為に対する共同正犯・共犯の成否を問題とすることができるのは、刑罰法規の文言上は必ずしも明確ではないけれども、刑罰法規の解釈による対向犯も存在しうることを認めていると考えることができる。

この点、最高裁[7]は、弁護士でない者に報酬を払って法律事件の解決を依頼した者を弁護士法72条違反の教唆犯とした控訴審判決を破棄し、次のように判示して、無罪判決を言い渡している。

「同法は、自己の法律事件をみずから取り扱うことまで禁じているものとは解されないから、これは、当然、他人の法律事件を取り扱う場合のことを規定しているものと見るべきであり、同法72条の規定は、法律事件の解決を依頼する者が存在し、この者が、弁護士でない者に報酬を与える行為もしくはこれを与えることを約束する行為を当然予想しているものということができ、この他人の関与行為なくしては、同罪は成立し得ないものと解すべきである。ところが、同法は、右のように報酬を与える等の行為をした者について、これを処罰する趣旨の規定をおいていないのである。このように、ある犯罪が成立するについて当然予想さ

---

5) 本書・102頁以下参照。
6) 弁護士法72条は、「弁護士又は弁護士法人でない者は、報酬を得る目的で訴訟事件、非訟事件及び審査請求、再調査の請求、再審査請求等行政庁に対する不服申立事件その他一般の法律事件に関して鑑定、代理、仲裁若しくは和解その他の法律事務を取り扱い、又はこれらの周旋をすることを業とすることができない。ただし、この法律又は他の法律に別段の定めがある場合は、この限りでない。」と規定し、罰則は同法77条3号に規定されている。
7) 最判昭和43・12・24刑集22・13・1625、判時547・93、判タ230・256〔消極〕。

134 第3章 私見の内容

れ、むしろそのために欠くことができない関与行為について、これを処罰する規定がない以上、これを、関与を受けた側の可罰的な行為の教唆もしくは幇助として処罰することは、原則として、法の意図しないところと解すべきである。」[8]

　本判決については、2つの点が注目される。第1点は、弁護士法72条のいわゆる非弁活動の禁止は必要的共犯のうちの片面的対向犯であるとするのは、条文の文言から直接に出てくる帰結ではなく、1つの解釈にすぎないということである。現に、本件の第一審判決[9]及び控訴審判決[10]は、弁護士でない者に報酬を払って自己の法律事件の解決を依頼した者を同条違反の教唆犯としているのである。その意味で、条文の文言から直接に導き出されるものでない限り必要的共犯・対向犯は認められないとする見解は、理論的にはありうるとしても、もはや妥当性を失ってしまっていることになる。また第2点は、弁護士法72条について、本判決は、「法律事件の解決を依頼する者が存在し、この者が、弁護士でない者に報酬を与える行為もしくはこれを与えることを約束する行為を当然予想しているもの」と判示している点である。翻って考えれば明らかなように、弁護士でない者が「報酬を得る目的」で法律事件を扱う場合、先行的又は同時的に、弁護士でない者に依頼し、報酬を与え又はそれを約束する行為をする者が常に存在しているとは限らない。事後に報酬を与え又はそれを約束する行為がなされる場合もありうるし、「報酬を得る目的」を必要とする目的犯であることから、現実に、報酬を与える行為又はそれを約束する行為がなされなくても、本罪は成立するからである。そうであれば、本判決が想定する事態はよくある事態かもしれないが、それ以外の事態はありえないというわけではなく、非弁活動の禁止違反の罪の一類型にすぎないことになる。

　この点は、先に触れた「出資の受入れ、預り金及び金利等の取締りに関する法律」3条（浮貸し等の禁止）に関し、金銭貸付が行われた場合の他方当事

---

8) このような構造は、出資法3条（浮貸し等の禁止）違反の罪（罰則は同法8条3項）の共同正犯・共犯についても当てはまる。住友銀行青葉台支店不正融資仲介事件・東京地判平成6・10・17刑集53・6・537、判時1574・33、判タ902・220参照。

9) 静岡地裁沼津支部判昭和41・05・20刑集22・13・1631。

10) 東京高判昭和42・06・14刑集22・13・1641、判時503・78、判タ230・256。

者たる借主、債務保証が行われた場合の保証契約の他方当事者たる債権者等の刑事責任、具体的には、金融機関の役職員に禁止される「浮貸し等」の違法行為に対する共同正犯・共犯の成否[11]の問題についてもいえることである。

このように、支配的見解が前提とする、「必要的共犯・対向犯は、同一条文に規定された犯罪の全体について認められなければならない」という命題は、すでに妥当しなくなっているのである。そうであるなら、㋐㋑の法律的対向犯のほかに、さらに、㋒事案の事実状況を直接の原因とする対向犯もありうるのであって、例えば、本書で考察している、不正融資における借手の刑事責任がこの類型の対向犯と考えることができるのである。

(3) 必要的共犯と解するのは無理である

① **批　判**　また、ある論者は、本説が不正融資における借手の刑事責任を検討するにあたって、必要的共犯の事実的対向犯の概念を提示したことについて、次のような疑問を提起する。

> 「たしかに、不良貸付けの場合、貸付けを受ける者は必要である。しかし、背任罪の不法類型自体が関与者を必要としているわけではないので、この場合を必要的共犯と解し得るか、疑問がある」[12]。

この疑問は、先の疑問・批判の延長線上にある疑問であり、その前提には、同じく、必要的共犯・対向犯とは各則の法律要件・刑罰法規において当然に複数行為者の関与行為を予定しているものでなければならない[13]という観念が存在している。

② **反　論**　㋐　**法解釈上の対向犯**　しかし、本説によれば、すでに指摘したように、対向犯は法律的対向犯に限られないし、それに限定する論理必然性もない。むしろ、各則の条文や刑罰法規そのものは必要的共犯を認めるための形式的な端緒にすぎないのであって、各則の条文・刑罰法規の文言そのものから必要的共犯を直接に演繹することが文理上困難であっても、

---

11) 住友銀行青葉台支店不正融資仲介事件・東京地判平成6・10・17刑集53・6・537、判時1574・33、判タ902・220〔消極〕参照。

12) 林幹人・注1文献・5頁。

13) この点は、一般に、必要的共犯とは、「構成要件上当然に数人の行為者を予想するもの」(団藤重光『刑法綱要総論』〔第3版・1990年〕431〜432頁) とか、「刑法各則の規定またはその他の刑罰法規上、二人以上の者の共同の犯行を予定して定められた犯罪」(大塚仁『刑法概説〔総論〕』〔第4版・2008年〕275頁) と論述されることからも明らかである。

136 第3章 私見の内容

その構造が実質的に同一であり、本来の片面的対向犯と同様の実質的根拠を
もって一方関与者の不処罰を根拠づけることができるのであれば、それを事
実的対向犯として（片面的）対向犯に包摂すべきである。にもかかわらず、
それを拒絶するとしたら、その理由は、「条文にないから」という形式的な
理由以外に見出すことができないはずである。

　④　**片面的対向犯とする法解釈**　　例えば、猥褻物有償頒布罪（旧猥褻物
販売罪）（175条1項）は片面的対向犯の典型とされ、「買主が当然に予想される
にかかわらず、買主を罰する規定はおかれていない」のであるから、「買主
が進んで『売ってくれ』といったばあいでも、それが普通の売買契約にみら
れる単純な買主としての定型的な申込みにすぎないかぎり、販売罪の教唆
犯・幇助犯にはならない」[14]との説明がなされる。

　しかし、本罪における買受け行為などの対向犯的関与行為が、当然予想さ
れる行為であるのに明文の処罰規定を欠くがゆえに不可罰であるとされるの
も、また逆に、総則の共同正犯・共犯の規定が適用されて当然に可罰的とな
るとされるのも、いずれも、当該条文の文理解釈から必然的に出てくる帰結
というわけではない。つまり、文理上は、いずれの解釈も可能なのである。
その意味で、各則や刑罰法規の条文そのものは必ずしも決定的な規準とはな
りえないのであって[15]、それを決するのは、当該条文に係る具体的な事案の
事実関係である。換言すれば、本罪を片面的対向犯と解する解釈そのもの
も、ありうる解釈の一つにすぎないのであって、しかも、かりに片面的対向
犯と解したとしても、ではその一方関与者不処罰の根拠と範囲はどこまでな
のかに関しても異なった見解が存在しうるのである。

　⑦　**片面的対向犯の実質的根拠**　　したがって、ある犯罪が片面的対向犯
かどうかは、当該具体的な犯罪の具体的事案や個別事情の特殊性を前提にし
て個々の刑罰法規を解釈することでしか明らかにできないのである。すなわ
ち、この問題は、結局のところ、個々の刑罰法規の解釈問題に収斂していく
ことになるのである。

14）団藤重光・注13文献・432頁参照。
15）西田典之『刑法総論』（第2版・2010年）374〜375頁、西村克彦『刑法運用論』（1991年）84頁
　（初出は、刑法雑誌25巻2号〔1983年〕349頁以下）参照。

例えば、猥褻物有償頒布罪における買受人の行為が不処罰であるのは、買受人は本罪によって保護される被害者の立場にあり、買受人の行為は違法性が欠如するがゆえに処罰されないと解する立場に立つからこそ、「たといその者が積極的に働きかけたため相手方が犯罪行為に出るに至ったとしても、その教唆犯として処罰されることはない」[16]との帰結が導き出されるのである。

また、自己の殺害を嘱託した被殺（未遂）者、自己傷害を他人に依頼した被傷者、酒類・煙草を「売ってくれ」と頼んで買い受けた未成年者、非弁護士に自己の法律事件の解決を依頼した者[17]などが処罰されないのは、それらの者が、当該犯罪によって保護される被害者の立場にあり、一方関与者の行為の違法性は他方関与者の行為の違法性と断絶され、遮断されて連帯することがないため、違法性が欠如することになるがゆえに処罰されないのであるという帰結が導き出されるのである[18]。

(4) 共犯理論の枠組みから排除される根拠が明確でない

① **批　判**　さらに、ある論者は、本説が共犯理論をそのまま適用することに異論を唱えることについて、次のように批判する。

> 「本人との関係で、内にいるのか、外にいるのかは単なる比喩的表現」であって、「視点を変えれば、事務処理者であっても本人との関係では対向的」であって、「事務処理者は、本人から対価を得る代わりに、財産事務の処理というサービスを本人に提供している」ことからすれば、「通常の契約・取引関係となんら変わらない対向的な関係」にあり、融資の借手についてだけ対向関係を根拠とすることはできないこと、背任罪において問題なのは、「任務違背行為を通じて本人に財産的損害が生じることに他ならない」がゆえに、「たとえ本人との関係で事務処理者といえない立場にある者でも、事務処理者の任務違背行為を介して本人に財産的損害を生じさせることは可能なのであるから、この場合も背任罪の適用範囲に入るということ」になるし、「不正融資の借手であって

---

16) 鈴木義男／臼井滋夫ほか『刑法判例研究Ⅱ』（1968年）156頁。
17) 最判昭和43・12・24刑集22・13・1625、判時547・93、判タ230・256参照。
18) 鈴木義男・注16文献・156頁、西田典之・注15文献・354頁参照。

も、「融資側の融資実行過程に介入し、最終的に本人の財産に損害を生じさせれば、背任罪の共犯が問題となる」のであり、不正融資の借手に限って「共犯理論の枠組みから排除されるという論拠は見出しがたい」ところ、「関は、事務処理者が介在することで、被融資側の違法性が遮断されるとする根拠を示し得ていない」[19]。

② **反 論** この批判は、本説に対して、具体的に2つの点を含んだ批判と考えられる。1つは、不正融資における借手と貸付事務処理者（金融機関）との対向関係について、いま1つは、融資実行過程における借手の介入行為及びその違法性についてである。

ここでは、前者の対向関係をめぐる批判に答えることにし、後者の借手の介入とその違法性についての批判は、後に答えることにしたい。

⑦ **対向関係の質的相違** 論者は、本説が前提としている対向関係の概念を誤解しているのかもしれない。論者は、「事務処理者は、本人から対価を得る代わりに、財産事務の処理というサービスを本人に提供」しており、本人との関係では「通常の契約・取引関係となんら変わらない対向的な関係である」[20]とする。

しかし、融資における貸付事務処理者は、本人（金融機関）との信任関係に基づいて、本人の利益のために、本人に代わって、本人の事務を処理する者であり、本人の財産保護のために、ある程度類型化された委託信任関係あるいは事務処理権限の範囲内において行為すべき者であるし、またそのように行為する者でもある[21]。この点は、論者自身も、「背任罪と横領罪との区別は、あくまでも本人のための経済活動の一環としてなされた財物に対する不正処分なのかどうか、それとも、本人のための経済活動とは無関係に、財物を『自己の物』としてしまう処分なのかどうか、ということによってなされることになる」[22]とし、背任罪と横領罪との区別につき、「本人のための

---

19) 内田幸隆・注1文献・35頁。
20) 内田幸隆・注1文献・35頁。
21) 背任罪における背任行為の本質に関する日本とドイツの議論状況を検討した論稿として、品田智史「背任罪における任務違背（背任行為）に関する一考察(1)（2・完）」大阪大学・阪大法学59巻1号（2009年）101頁以下、2号（2009年）41頁以下参照。
22) 内田幸隆「背任罪と横領罪との関係」早稲田大学・早稲田法学会誌52巻（2002年）80頁。

経済活動の一環としてなされた処分なのか、それとも、それと無関係になされた処分なのか」という規準[23]を提示する際にも考慮している点であると思われる。

ということは、貸付事務処理者は、「本人のために経済活動をすべき責務」を本人との関係で負担しているのであり、ここでは、「通常の契約・取引関係となんら変わらない対向的な関係」が存在するのは、論者の指摘するとおりである。しかし、ここでの対向関係は、貸付事務処理者が本人の利益のため、本人に代わって、本人の事務を処理するという状況の中で、本人の財産保護のためという同じ目標に向かっての協同関係において本人の事務を処理するという、いわば多衆犯的関係、集合犯的関係に近い関係にあるといってもよく、その限りで、内部的な対向関係にあるといえるのである。

これに対し、借手は、「本人のために経済活動をすべき責務」を本人（金融機関）との関係で負担しているわけではないし、しかも、借手と金融機関・貸付事務処理者との間には、「通常の契約・取引関係となんら変わらない対向的な関係」にとどまらない、融資に係る別の対向関係が存在している。その意味で、「通常の契約・取引関係となんら変わらない対向的な関係」が存在しているというのは「入口」であって、その奥には、借手と金融機関・貸付事務処理者との間で利害が相反する立場が存在し、両者の行為の間には外部的な対向関係が存在しているのである。

言い換えれば、借手は、金融機関・貸付事務処理者とはまったく別に、被融資者という独自の立場から、自らの利益を追求する行為をしているのである。借手と金融機関・貸付事務処理者との関係は、「複数行為者の行為が互いに向き合っている関係」にあるので、貸付事務処理者と金融機関（本人）の関係と同じく、「通常の契約・取引関係となんら変わらない対向的な関係」にあるといってもよいのであるが、その特質は、むしろその先にあるのである。具体的に言えば、ⅰ）一方は、融資側の金融機関（本人）と貸付事務処理者という内部関係、他方は、融資側（金融機関・事務処理者）と被融資側の借手という外部関係という関係性の相違、ⅱ）一方は、融資側の融資行

---

23) また、内田幸隆「背任罪の系譜、およびその本質」早稲田大学・早稲田法学会誌51巻（2001年）140頁参照。

為、他方は、被融資側の融資依頼行為ないし被融資行為という各々の行為の質的な相違、また、ⅲ）一方は、それぞれの行為が本人の財産保護という同一の目標に向かっているのに対し、他方は、相対立・対向する、異なった目標に向かっているという行為目標の相違、そして、ⅳ）一方は、本人のために経済活動をすべき責務を負担しているのに対し、他方は、本人のためよりも、それと対立しうる被融資側の利益のために責務を負担しているという責務負担の内容と方向性の相違である。

こうして、本人（金融機関）と貸付事務処理者との対向関係と、借手と貸付事務処理者（・金融機関）との対向関係とは、その内容も性質も方向性も異なるのである。したがって、論者が指摘するように、借手と貸付事務処理者（・金融機関）との対向関係は、通常の契約関係・取引関係における双務関係と同義であると解することにとどまっていることのできない異質の面も有しているのである。この点は、論者も、「背任罪はあくまで本人のために行われるべき経済活動における不正行為を処罰する」[24]と論述しており、認めているのではないかとも考えられる。

かりに本説に対する論者の批判が妥当するならば、通常の契約関係・取引関係にある複数当事者の行為のすべてがここでいう対向関係に包摂されてしまい、信任関係一般を広く刑法で保護し、債務不履行・信義誠実義務違反をも刑法で処罰することにもなりかねない。論者もそこまで容認するものではないであろう。そうでないと、論者自身の前提認識、すなわち、貸付事務処理者は借手と異なり、本人との関係で「ある一定の財産事務を統括する者、またはその統括の下にあって実際に当該財産事務を執行する者」であり、その「前提としてその者が何らかの『権限』を有していることを意味する」という前提認識や、「背任罪はあくまで本人のために行われるべき経済活動における不正行為を処罰する」もので、「本人のための経済活動の一環として、すなわち本人の計算においてなされたか否かが問題」である[25]という前提認識を、論者自身が無効にしてしまいかねないからである[26]。

24）内田幸隆・注23文献・140頁。
25）内田幸隆・注23文献・139〜140頁参照。
26）内田幸隆氏は、正犯性限定原理を重視して（特別）背任罪の成立範囲を限定しようとする正犯性限定説の中の重要な役割説を主張している。この内田氏自身の見解に対しては、次のような

第7　私見への批判と反論　　141

　　㋑　**内部的信任関係**　　他方、論者は、先に紹介した見解、すなわち、背任罪の前提となる信任関係は組織的・有機的な財産運用の関係における内部的信任関係であるとする見解[27]が前提にしている「組織的・有機的な関係における内部的信任関係」の概念を誤解しているように思う。論者の誤解は、「通常の契約・取引関係となんら変わらない対向的な関係」という前提認識に拘泥したことによって生じたものと考えられる。

　　しかし、そこでいわれている内部的信任関係は、他人をいわば自己の分身・手足・頭脳として利用して自己の財産の管理・処分へと実質的に関わらせ、組織的な経済活動をせざるをえないような組織的財産運用の場における信任関係であって、単に企業としての組織の内部における本人と事務処理者との信任関係を意味しているにすぎないというものではない[28]。それは、論

　　疑問がある。内田氏は、①借手に共同正犯性を肯定するための判断要素について、「重要な役割」、「融資担当者の持つ権限を共に行使した」、「被融資側が融資担当者と一体化した」など（内田幸隆・注1文献・41頁参照）と説明し、また、その判断規準については「通常の融資取引から明らかに逸脱しているか」を最終的な規準として提示している（内田幸隆・注1文献・41頁参照）。しかし、それらは同語反復であり依然として明確とはいえないこと、そのため、②内田氏の見解は結果説明的な概念道具に陥っており、借手の刑事責任を限定する原理としては機能しないだけでなく、他説の結論を批判的に検討する概念道具としても用いることができないこと、他方、③借手の刑事責任について、「通常の融資取引からの逸脱」が共同正犯と共犯（教唆犯・従犯）を区別する規準となっている（内田幸隆・注1文献・41～42頁参照）ため、「通常の融資取引を逸脱していない」融資申込み行為が背任罪の共犯（教唆犯・従犯）へと割り振られるという不当な結論をもたらしていること、しかも、④借手の刑事責任については、貸付事務処理者の「一般的に財産的損害が発生するリスクに応じて策定される『財産上の損害を回避するためのルール』」（内田幸隆・注23文献・140頁以下、内田幸隆・注1文献・37頁参照）を規準に判断されることになるので、被融資側が破綻して、貸付事務処理者につき背任罪の罪責が肯定されたときには、借手の刑事責任も、わずかにその主観的な要素を考慮して否定する余地はあるとしても、ほとんど肯定されてしまいかねないこと、そして、⑤借手の刑事責任について、わずかに共同正犯から除外された罪責部分は、「被融資側が融資担当者に当該融資を決断させ、あるいはその決断・実行を強化・促進した」もの（内田幸隆・注1文献・42頁参照）として、すべて共犯、特に教唆犯の罪責へとシフトされてしまっている（融資側の自律的決定・判断に対する影響の度合いにより、共同正犯か教唆犯・従犯かが決まるとも論述している。内田幸隆・注1文献・42頁参照）などの問題点を指摘することができる。結局のところ、内田氏の見解は、その判断規準の曖昧性と相俟って、借手の刑事責任を限定する原理としてはほとんど機能しないか、解釈者（裁判官）の主観的な「通常の融資取引」観に依存しているとともに、共同正犯と共犯（教唆犯・従犯）の違いもほとんど意味をなさず、わずかに量刑問題に解消されてしまうか、単に結論を説明するための概念道具にすぎなくなってしまっているのである。

27)　平川宗信『刑法各論』（1995年）389頁、平川宗信「背任罪」芝原邦爾ほか編『刑法理論の現代的展開各論』（1996年）239～240頁、山口厚『問題探求刑法各論』（1999年）197頁、201頁参照。なお、この説については、本書・121頁以下参照。

28)　平川宗信・注27文献（「背任罪」）・239頁参照。現に、この見解の主張者も、「本人の組織的財

142 第3章 私見の内容

者がいうように、「本人との関係で、内にいるのか、外にいるのかは単なる比喩的表現」[29]といえるような信任関係にとどまるものではなく、委託者と受託者との組織的・有機的な結び付きを前提とし、かつ、受託者による委託者の分身・手足・頭脳としての財産管理・財産処分への実質的関与を前提とする組織的・有機的な信任関係を意味しているのである。したがって、そこには、事務処理者が、本人の組織的財産運用の内部にあって本人の経済活動の延長として事務を処理する者であると観念できるほどに密度の濃い高度の信任関係が存在しているのであって、そうであればこそ、事務処理者は「本人との関係で、内にいる」と観念できるのである。

⑸ 借手は任務違背行為を行うことができる

① **批　判**　さらに、本説が、融資における借手と金融機関・貸付事務処理者との利害の対立・対向を指摘し、対向的な取引関係にある者の対向的信任関係は背任罪の基礎となりえないとともに、背任罪の実行行為である任務違背行為はもっぱら金融機関の貸付事務処理者が専権的に行うものであり、借手は実行行為に直接加功することはできないことを根拠にあげていることについて、ある論者は、次のように批判する。

> 「相手方が直接正犯・実行共同正犯とはならないことの論拠にはなり得ても、共謀共同正犯を否定する論拠とはなり得ない」し、「相手方に背任罪の共同正犯を認めた判例の事案の多くは、一般的抽象的には存在する対立、対向関係が、当該事案においては、いわば崩れてしまっており、むしろ『同一の利害のもとで一体となって』いたと評価すべき事案」であり、「相手方も、任務違背行為に対して、かなり密接な関与をしている場合が少なくないからである」[30]。

産運用の内部にあって、本人の経済活動の延長として事務を処理する者」を意味する事務処理者に、「運送・保管業者などのように社会的経済システムにより本人と組織的に結び付いて事務を委託された者」をも包摂しており、組織自体の内部・外部ではなく、「本人の組織的財産運用」の内部・外部、「本人と組織的に結び付いて事務を委託された者」か否かが重要なメルクマールであることを指摘している。平川宗信・注27文献（「背任罪」）・245頁参照。

[29] 内田幸隆・注1文献・35頁参照。論者のこの論述は、「信頼ということは、常に信頼する者と信頼される者との『内部的』なものであるから、『内部的』ということは限定にはならない。債権者と債務者との関係や、売手と買手との関係も、やはり内部的な関係である」（平野龍一「横領と背任、再論⑷・完」判時1689号〔1999年〕28頁）という論述に影響されたと思われる。なお、内田幸隆・注23文献・137〜139頁も参照。

また、別の論者は、同じ趣旨で、次のように批判する。

「非身分者は、身分者の任務に違背する行為に関与し、これを分担することは事実上可能である。ある行為を分担できるのかという事実評価の問題と、その行為が義務に反するのかという規範評価の問題は別である。任務違背（規範違反）と評価される行為を分担することで、非身分者である被融資側についても、背任罪の共同正犯を問える余地は存在する」[31]。

これらの批判の前提には、「たとえ本人との関係で事務処理者といえない立場にある者でも、事務処理者の任務違背行為を介して本人に財産的損害を生じさせることは可能であるから、この場合も背任罪の適用範囲に入る」[32]という認識や、「再建の見込みがないにもかかわらず、相手方に損失を押しつけ、自らは倒産を回避しようとする態度を法秩序が是認しているとは思われない」[33]という認識が存在しているものと思われる。

② **反 論** ⑦ **不正融資の事案の特殊性** たしかに、一般的に、事実評価としても、規範評価としても、非身分者も身分者に共同加功することによって法益の侵害・危殆化をともに惹起したと認定することは可能である。また、借手が、金融機関に一方的に損失を押し付け、自らは倒産を回避し、一方的に利益を得ようとする行為が、一般論として、許容すべき行為でないことは明らかである。

しかし、ここで問われているのは、そうした事実評価を前提とした一般論ではない。そうした事実評価を前提にしてもなお、不正融資における事案・事実の特殊性を考慮した規範評価（法的評価）をすべきではないのかということである。具体的には、論者が、「借手は不正融資という事務処理者の任務違背行為にともに加功し、分担した」とか、「借手は不正融資の行為にともに関与し、金融機関に損害を与えた」という事実評価を前提にし、その事

---

30) 島田聡一郎・注1文献・48〜49頁。
31) 内田幸隆・注1文献・41頁参照。
32) 内田幸隆・注1文献・35頁。
33) 島田聡一郎・注1文献・48頁。また、「相手方の一方的な損失によって自己が利益を得ようとする態度は法的に見ても許されるべきではない」（内田幸隆・注1文献・36頁）も同じ認識のものと思われる。

144　第3章　私見の内容

実評価を、「被融資側は融資側と一体化し、当該融資を共同して実現した」ので、「背任罪の共同正犯（・共犯）の罪責を負う」という規範評価（刑法的評価）に直結させることの妥当性が問われているのである。別の表現をすれば、「借手は不正融資の任務違背行為にかなり密接な関与をした」とか、「借手は貸付事務処理者（身分者）の任務に違背する行為に関与し、これを分担した」という事実面に関する評価が、なぜ「借手は融資担当者の持つ事務処理権限を共に行使した」とか、「借手は融資担当者と共同して任務に違背する当該融資を行った」という規範面での評価[34]に直結し、背任罪の共同正犯を肯定することになるのかを問うているのである。

　⑦　**事実評価と規範評価**　　この点、論者が、「ある行為を分担できるのかという事実評価の問題と、その行為が義務に反するのかという規範評価の問題は別である」として、事実評価の問題と規範評価の問題を分けるべきだとしているのは適切である。しかし、ここでの論者の認識には、事実評価と規範評価に混乱と飛躍が見られる[35]。

　論者は、「非身分者は、身分者の任務に違背する行為に関与し、これを分担することは事実上可能」であり、「任務違背（規範違反）と評価される行為を分担することで、非身分者である被融資側についても、背任罪の共同正犯を問える」[36]と論述する。しかし、この論述では、事務処理者の「任務違背行為」（規範評価）と、その行為への「被融資側（借手）の関与、分担」（事実評価）とがダイレクトに連結されており、借手は「事務処理者の任務違背行為」（規範評価）を「分担した」（事実評価）という事実によって、直ちに、「背任罪の共同正犯である」（規範評価）との帰結が導き出されているのである。つまり、論者が、借手は事務処理者の任務違背行為（規範評価）に事実上関与し、分担している（事実評価）ので、共同正犯が認められる（規範評価）という帰結を提示するとき、そこでは、事実評価と規範評価との間に混淆と飛

---

34)　ここで問題にしているのは、論者のいう「その行為が義務に反する」という規範評価ではなく、背任罪の共同正犯に関し、「融資担当者の権限を共に行使した」・「融資担当者と共同して当該融資を実現した」という規範評価である。

35)　内田幸隆・注1文献・41頁参照。これは、別の論者の「再建の見込みがないにもかかわらず、相手方に損失を押しつけ、自らは倒産を回避しようとする態度を法秩序が是認しているとは思われない」（島田聡一郎・注1文献・48頁）という前提認識にも見られる点である。

36)　内田幸隆・注1文献・41頁参照。

躍が見られるということである。

　⑦　**規範評価の断絶**　　私見によれば、事務処理者の行為を「任務違背行為」とする規範評価（法的評価）そのものがすでに、本人（金融機関）・貸付事務処理者の観点からの規範評価なのである。私見は、その規範評価が、すでに指摘したような特殊性を有し、利害の対向する借手にも妥当するのかは、別に規範評価として検討すべきであることを主張しているのであり、「借手は事務処理者の任務違背の『行為』に関与し、これを分担した」という事実評価が、「借手は事務処理者の『任務違背行為』に関与し、これを分担した」という規範評価にダイレクトに結び付く論理的必然性を問うているのである。

　本説によれば、融資を受ける借手の立場は、融資をする金融機関・貸付事務処理者の立場とは相互に対向しあった関係にあり、両者の利害関係も対立した関係にあるがゆえに、そこには、事実評価を規範評価に直結させることを許さない断絶・隔絶が存在しており、その限りで、論者の主張には論理的飛躍があり、妥当でないと考えるのである。

　しかも、背任罪は、任務違背の行為を通じて本人の財産に損害を与えることが必要な犯罪であり、単に本人の財産に損害を与えれば成立する犯罪ではない。不正融資における借手側は、融資側とは異なる独自の利益を追求している立場にあり、金融機関本人に対する「任務違背性」が認められる事態は考えにくい。もし論者が、共同正犯は少なくとも「正犯」であると解する[37]のであれば、それが共謀共同正犯であった場合でも、やはり借手に正犯性メルクマールが認められなければならないはずで、その正犯性メルクマールは、背任罪では「任務違背性」のはずである。

⑹　両者が一体化して集団犯化することを無視している

　①　**批　判**　　本説が、融資における借手と金融機関・貸付事務処理者との利害の対立・対向を指摘し、対向的な取引関係にある者相互間の対向的信任関係は背任罪の基礎となりえないことを根拠とすることについて、ある論者は、次のような趣旨の批判を加える。

37）これは、共同正犯を単に「正犯」であるとする見解だけでなく、「共犯」でもあるし同時に「正犯」でもあるとする見解にもいえることである。

146 第3章 私見の内容

義務違反性や身分の一身性を前提とするならばともかく、法益侵害・危険の惹起という点では非身分者も身分者と共同加功できるし、非身分者（借手）自身が本人（金融機関）と信任関係に立つ必要はないのであるから、対立・対向関係にあった融資担当の事務処理者（身分者）と融資の借手（非身分者）との間の利害関係がいつの間にか共通化し、両者が一体化し、いわば対向犯が集団犯に変化したといえる場合には、（共謀）共同正犯を認めることができるし、認めるべきである[38]。

② **反　論**　　この批判は、先に検討した批判と関連するものなので、反論の繰り返しは避けるが、あえて付言しておけば、背任罪の前提となっている信任関係は有機的な結合関係における内部的信任関係であり、対向的な信任関係を前提とする外部的な信任関係は、本罪の基礎となりえないのである。

すなわち、融資における貸付事務処理者と本人（金融機関）との関係は、両者が互いに、本人の利益のため、本人の財産保護のためという同じ目標に向かって、協同関係の中で事務処理をするという内部的な対向関係にあり、これは背任罪の前提となる内部的信任関係に当たる。しかし、借手と金融機関・貸付事務処理者との関係は、場合によっては金融機関と利害が対立し、相反することがある相互交換関係の中で事務処理をするという外部的な対向関係にあり、これは背任罪の前提となる内部的信任関係とは異質の外部的信任関係であって、（特別）背任罪の基礎とはなりえないものである。

したがって、かりに借手と貸付事務処理者とが同一の利害のもとで一体となる場合があるとしても、それは事実評価の次元であって、本罪の本質及び本罪の共同正犯・共犯という規範評価の次元としては、金融機関・貸付事務処理者と借手との利害が対立し、事務処理者の任務違背行為と借手の被融資行為とは互いに対向している行為であるため、事務処理者の任務違背性が利害の対立・対向する借手の行為にも付着するとする規範評価は困難なのである[39]。もし両者の利害が共通化し、両者が一体化することがあるとしたら、

38）この批判は、注1で言及した「ワークショップ・不正融資における借手の刑事責任（背任罪・特別背任罪）」において提起されたものである。関哲夫・注1文献・550頁参照。また、島田聡一郎・注1文献・49頁も参照。

39）関哲夫・注1文献・550頁参照。

その場合には、（特別）背任罪の射程範囲を超える行為がなされたのであって、借手には本罪とは別の犯罪の成立を検討すべきである。

⑺ 違法性・有責性の低減・欠如は根拠となりえない

① 批 判　さらに、これと関連して、本説が、借手の行為は不正融資における金融機関の事務処理者の行為を介して金融機関の財産的法益を侵害するものではあるが、しかし、それは金融機関側に立っての認定であり、それと利害の対立・対向する融資を受ける側に立って見るならば、当然の努力・画策をしたことによる結果にあるにすぎず、通常は許容される行為ないし（可罰的）違法性がきわめて低い行為であり、また、期待可能性も低いことを根拠としている点について、ある論者は、次のように批判する。

> 「いわゆる必要的共犯が処罰されないのは、実質的に、関与者に違法性ないし有責性を欠くからである」ところ、「不良貸付けを受けた者は背任罪の被害者であるわけではない。また、この者に有責性を欠くとする理論構成も困難である」[40]。

また別の論者は、借手の行為の違法性・有責性が低減・欠如するとする本説の根拠について、次のように批判する。

> この点は「極めて疑問」であり、「自己の経営する会社が倒産するのを防ぐために、窃盗や詐欺をした者に犯罪の成立を否定する論者はいないだろう。ことは背任罪の場合でも本質的に変わらないはずである。再建の見込みがないにもかかわらず、相手方に損失を押しつけ、自らは倒産を回避しようとする態度を法秩序が是認しているとは思われない。こうした事情は、せいぜい単なる情状にとどまり、違法性、責任を類型的に否定する根拠にはならないといわざるを得ない」[41]。

さらに別の論者も、次のような同旨の批判をする。

> 「事務処理者が介在することで、被融資側の違法性が遮断されるとする根拠を示し得ていない」[42]だけでなく、「相手方の一方的な損失によって自己が利益を得ようとする態度は法的に見ても許されるべきではな

---

40) 林幹人・注 1 文献・5 頁。
41) 島田聡一郎・注 1 文献・48頁。
42) 内田幸隆・注 1 文献・35頁。

い」のであり、「単なる経営破綻の先延ばしであり、経営の回復の見込みのない融資は、事務処理者にとって任務違背行為であり、そのような行為に関与してはならないことは、取引の当事者にも期待されているといわなければならない」がゆえに、「被融資側に期待可能性がないとする主張は、部分的に妥当なものである（つまり、責任非難に値しないのは、そもそも融資が違法な任務違背行為に当たらないからである）が、全面的に支持できない」[43]。

②　**反　論**　⑦　**違法性の低減・欠如**　本説によれば、貸付事務処理者と借手とは利害の対立・対向が存在しているために、貸付事務処理者の任務違背行為の違法性が借手の関与行為に連帯的に作用することは認められないのであり、そこには、いわば違法性の断絶・隔絶が存在すると考えられる。つまり、本説は、借手は「被害者という立場」にあることを実質的根拠とするものではなく、利害の対立・対向を実質的根拠とする、新たな事実上の片面的対向犯が存在していることを主張するものである[44]。

　もし、論者がいうように、貸付事務処理者と借手とが一体化して本人（金融機関）に財産的損害を加えたという事態を認めるのであれば、それは事実評価の次元でのことであり、規範評価（法的評価）の次元としては、外部的な対向関係にある貸付事務処理者と借手とが一体化して本人（金融機関）に財産的損害を加えたと評価することは困難なのであって、借手には（特別）背任罪（の共同正犯・共犯）ではなく別の犯罪の成立を考えるべきなのである。

　⑦　**有責性の低減・欠如**　本説の事実的対向犯説は、多くの論者の認識に対する疑問を契機とするものである。多くの論者は、「再建の見込みがないにもかかわらず、相手方に損失を押しつけ、自らは倒産を回避しようとする態度を法秩序が是認しているとは思われない」とか、「相手方の一方的な

43）内田幸隆・注1文献・36頁。

44）身分犯については、「そのような一定の適格のない」非身分者の行為は「本来の構成要件に該当しないのですから、一部分でも『その』構成要件に該当する行為を分担するといえない以上、65条1項の適用によって従属的に教唆犯や幇助犯が成立しうるのは格別、このような非身分者に共同『正犯』としての違法性（規範違反性）を認めることはできない」（照沼亮介「不正融資と特別背任罪の共犯」伊東研祐編著『はじめての刑法』（2004年）136頁）として、借手には共同「正犯」としての規範違反性が欠如することを根拠に共同正犯を否定する見解も主張されている。

損失によって利益を得ようとする態度は法的に許されない」とか、「単なる
経営破綻の先延ばし、経営の回復の見込みのない融資は、事務処理者の任務
違背行為であり、その行為に関与してはならないことが借手にも期待されて
いる」と主張するのであるが、そうした認識は、そもそも財産的損害を被っ
た融資側の視点からの評価であって、それと立場も利害関係も異なる借手の
立場から見たときには、そのような主張は借手には妥当しないのではないか
という疑問を契機とするものである。

　論者は、「被融資側に期待可能性がないため責任非難に値しないのは、そ
もそも融資が違法な任務違背行為に当たらないからである」との趣旨を述べ
る。しかし、本説は、融資行為が背任罪の任務違背行為として違法とされる
のは、融資側の視点に立っての帰結であって、それと利害が対立・対向する
被融資側の視点に立つならば、「不正融資行為への関与は任務違背行為への
加功であり、共同正犯・共犯として違法である」とダイレクトに評価した
り、「刑法上共同正犯・共犯としての責任非難に値する」と直ちに評価する
ことは合理的でないと考える。なぜなら、被融資側の利害は、融資側の利害
とは異なる対立的な関係にあり、その行為も対向的な関係にあり、(特別) 背
任罪における法的評価として、融資を挟んで両者が一体化することはありえ
ないと考えるからである。

　論者の批判は、結局のところ、不正融資において、融資側の貸付事務処理
者の正犯行為の違法性と被融資側の借手の共同正犯・共犯行為の違法性とは
まったく同じ質量であるとの認識を前提にし、正犯違法と共同正犯・共犯違
法とは統一的・連帯的であるとの理解を前提にしているものと考えられる。
しかし、共同正犯・共犯の処罰根拠につき、一部独立性志向・一部従属性志
向の混合惹起説に立つ本書は、一般論としても、そこに一部断絶がある。し
かも、不正融資における借手の (特別) 背任罪の共同正犯・共犯について、
その事案の特殊な個別事情が存在するがゆえに、そこにも一部断絶がある。
それゆえに、一部従属性志向の部分が消失し、正犯 (貸付事務処理者) の違法
性と共同正犯・共犯 (借手) の違法性との一体性・連帯性は消失しているも
のと考える[45]。つまり、正犯違法と共同正犯・共犯違法とは常に一体であ
り、統一的・連帯的であると解する論理必然性は存在しないのである。

150　第3章　私見の内容

(8)　判断規準が十分に機能していない

①　**批　判**　　私見の旧説に対してであるが、論者から、次のような問題点が指摘されていた。

> 「『通常の関与形態』を超える場合がどのようなものであるのかが実質的に考察される必要があるであろう」[46]。

この指摘は、次のような批判と同旨であると思われる。

> 「必要的共犯の対向犯の議論と現象的に類似した側面があるものの、問題解決のための指針ないし手掛かりとしては十分には機能し得ていない」[47]。

②　**反　論**　　私見の旧説については、「第3　学説の検討」の「2　学説の状況」の「(2)　形式的否定説」の中の「①　内容」のうちの「ⓐ　類型性欠如説」のところ[48]、及び、「第6　私見——事実的対向犯説の提唱——」の「2　私見の旧説」のところ[49]で述べたとおりである。

　私見の旧説は、不正融資における借手の刑事責任につき、片面的対向犯における一方関与者不処罰の根拠について、「対向関係にある者のうち一方の行為者についてだけ処罰規定がある場合、他方の行為者は、少なくとも通常の関与形態では共犯規定の適用を受けることはない」と解し、「対向犯的関与行為の定型性・通常性」を規準とする形式的一元説を援用していた。

　しかし、私見の旧説には、すでに述べたように、「通常の関与形態」という規準の曖昧さという問題点、共犯（教唆犯・従犯）成立の余地を残す不徹底さという弱点を抱えていた。それらを克服するには、事実的対向犯の構成はそのまま維持しつつ、私見を改め、片面的対向犯における一方関与者不処罰

---

45) この点について、「『正犯にとっても共犯にとっても違法な結果を実現することが必要である』と解する処罰根拠論を前提として考える場合には、事務処理者である正犯の側に完全な違法性が認められたとしても、身分を持たない借手の側の『行為』に、そもそも社会的に許容される範囲を超える働きかけによって、固有の『共犯不法』を具備したことが認められるかどうか、ということが重要なポイントとなります。」（照沼亮介・注44文献・135頁）との指摘は、「社会的に許容される範囲」の基準については検討を要するけれども、正犯違法と共犯違法とが断絶する場合があることを認めるものとして妥当である。

46) 中森喜彦・注1文献・5頁。

47) 上田正和・注1文献・17〜18頁。

48) 本書・63頁以下参照。

49) 本書・118頁以下参照。

の根拠について、実質的な根拠を探求するのが妥当であると考えたわけである。その実質的な根拠については、前項で述べたとおりである。

(9) 共犯の成立は認められる

① **批　判**　　ある論者は、口頭ではあるが、私見に対して、次のような疑問を提起した。

　　私見が、不正融資における借手の刑事責任について、借手と金融機関（本人）・貸付事務処理者（行為者）との利害が対立・対向している実態が存在していること、（特別）背任罪で前提とされるべき信任関係は、金融機関と事務処理者との内部的信任関係であり、借手と金融機関との相互間の対向的信任関係は本罪の基盤とはなりえないこと、さらに、（特別）背任罪の実行行為それ自体は事務処理者によって行われるのであり、借手は実行行為に直接加功することはできないことを根拠に、借手に本罪の共同正犯を否定することをかりに認めたとしても、それは本罪の共同正犯性を否定するにすぎないのであって、それでも、狭義の共犯、特に教唆犯の成立はありうるのではないか。

　論者の疑問は、不正融資における借手に、かりに（特別）背任罪の共同正犯の成立が否定されたとしても、本罪の共犯、特に教唆犯が成立することがあるのではないかという疑問、換言すれば、かりに借手に（共同）正犯性が認められないとしても、共犯性が認められるのではないかという疑問である。

② **反　論**　　私見は、不正融資における借手の刑事責任について、事実的対向犯の概念を提唱し、その実質的な根拠として、借手と金融機関（本人）・貸付事務処理者（行為者）との利害の対立・対向、（特別）背任罪における本人と事務処理社との内部的信任関係、借手による本罪の実行行為への加功の困難性、違法性の断絶と欠如、期待可能性の低減などを提起した。この点を繰り返すことは避けるが、次の点は、ここで確認しておきたい。

　ここにおける片面的対向犯の実質的根拠は、不正融資における借手という立場に伴って生じる特徴であって、その意味で、借手の共同正犯性だけでなく、共犯性にも関わるものである。すなわち、この実質的根拠は、不正融資における借手の立場に随伴して生じるものであって、それは、（特別）背任罪

152　第3章　私見の内容

の共同正犯だけでなく共犯（教唆犯・従犯）の成立をも否定するものなのである。これを逆にいえば、借手の立場にない通常の行為者が、金融機関の貸付事務処理者の行為に加功して、共同して任務違背行為に加担し、又は、貸付事務処理者を唆して任務違背行為を実行させ、あるいは、貸付事務処理者の任務違背行為を幇助する場合、共同正犯又は教唆犯・従犯の成立がありうるのは当然である。

3　小　括

⑴　対向犯の有無

　当該犯罪が必要的共犯の対向犯であるかどうかについて、刑法各則その他の刑罰法規の条文の文言又はその解釈が必ずしも決定的な規準となりえないとすると、当該具体的犯罪の個別事情や個々の具体的事案の特殊性を考慮しつつ、個々の刑罰法規を解釈していくことでしか、その結論を導き出すことはできないことになる。

　これは、結局、当該犯罪の具体的事実関係や、当該事案の特殊な事情を考慮しながら、刑法各則その他の刑罰法規の条文を解釈していかなければ、対向犯であるか、片面的対向犯であるかが明らかとならないという意味で、やはり刑法・刑罰法規の解釈問題に還元されることになるのである。

⑵　実質的対向犯の視座

　本説は、不正融資における借手の刑事責任について、必要的共犯のうちの対向犯の構成、しかも、片面的対向犯の構造を提唱している。これは、刑法各則その他の刑罰法規の条文又はその解釈から導き出される法律的対向犯ではないけれども、事実的対向犯として、そこには、法律的対向犯と同様の構造が存在していることを考慮したものである。そして、この事実上の対向犯の構造を妥当させ、不正融資における借手の刑事責任につき、（特別）背任罪の共同正犯・共犯の成立はありえないことを根拠づけようと試みたものである。

　この作業は、従来当然と考えられてきた「必要的共犯の対向犯は法律的対向犯に限定される」という前提認識に疑問を提起し、「必要的共犯の対向犯には事実的対向犯も存在する」という見解を主張するものでもある。それは

第7　私見への批判と反論　153

同時に、必要的共犯については、形式的対向犯から実質的対向犯へと視座を移行させるべきことを強く要請するものでもある。

(3)　支配的見解への疑問

翻って考えたとき、不正融資における借手の刑事責任につき、(特別)背任罪の共同正犯を肯定する支配的な見解には、本罪の成立を限定する見解も存在するけれども、別の疑問も湧いてくる。

例えば、片面的対向犯ではなく相面的対向犯の中の同一刑対向犯の1つである重婚罪（184条）において、重婚者Yの相手方Xが、Yに対し、(その動機はともかく)執拗に重婚を迫り、硬軟両様の方法を駆使し、かつ、Yの重婚行為の蓋然性について認識しながら、Yの重婚行為に共同加功した場合、支配的見解では、重婚者Yとその相手方Xとは、「利害関係が一致して一体化した」といえ、Xは、Yの重婚罪につき共同正犯となるとしなければならなくなるのではないか。この場合に、重婚の相手方を罰する明文の規定（184条2文）が存在するので、重婚の相手方についてそのような帰結は現行刑法が排除しているし、考える必要はないという反論が予想されるけれども、それは反論とはなりえない。というのは、重婚の相手方に、重婚の悪質な行為形態として184条1文[50]の「重婚罪の共同正犯」を認め、同時に184条2文の犯罪を認めたうえで、両罪の観念的競合とする罪数処理も理論的には可能であり、184条2文の存在及び両者の法定刑の同一性はそれを否定する根拠とはなりえないからである。

また、例えば、相面的対向犯の中の相異刑対向犯の1つである賄賂罪（197条以下）において、贈賄者Xが、収賄側の公務員Yに対し、執拗かつ強力に働きかけ、硬軟両様の方法を駆使し、かつ、Yの収賄行為の蓋然性について認識しながら、Yの収賄行為に共同加功した場合に、支配的見解では、収賄側の公務員Yと贈賄側のXとは、「利害関係が一致して一体化した」といえ

---

50)　通常のルールに従えば、「184条後段」とすべきところであるが、「1文・2文」とする方が有益であるので、この方式を導入することを提案する意味で、このように表記した次第である。というのは、「前段・後段」のみでは、例えば、憲法14条3項における「又は将来これを受ける者の一代に限り」の部分を指したいとき、「憲法14条3項後段後段」としなければならず、それよりは、「1文・2文」を使って、「憲法14条3項2文後段」とする方が明確で、分かりやすいからである。

るので、Xは、Yの収賄罪につき共同正犯を肯定せざるをえなくなるのではないか。この場合も、贈賄側を軽く罰する明文の規定（198条）が存在するので、贈賄側にあえて収賄罪の共同正犯を肯定することはしないという反論が予想されるが、それもやはり反論とはなりえない。というのは、贈賄者Xに、贈賄の悪質な形態として収賄罪の共同正犯を認め、同時に贈賄罪の成立を肯定し、両罪の観念的競合とすることは、理論的にはありうるからである。

　このように、未だ充分に意識されてはいないが、支配的な見解に拘泥すると、必要的共犯について不都合な帰結をもたらしかねないのである。

終 章 要 約

第 8　結　語

1　前提認識

　本書は、不正融資における借手の刑事責任について、金融機関の事務処理者に認められる（特別）背任罪に対する共同正犯・共犯を安易に肯定するのは妥当ではないという問題意識から出発し、1つの試論ともいうべき私見を提唱するものである。

　私見の立場を要約して、本書の結語としたい。

⑴　総論と各論の交錯

　不正融資における借手の刑事責任の問題においては、片面的対向犯に関する刑法総論的な問題と、融資に係る（特別）背任罪に関する刑法各論的な問題とが交錯していると考えられる。

　前者の刑法総論的な問題は、不正融資における借手の刑事責任を考察する場合には、融資において、借手と貸付事務処理者・金融機関との利害が対立・対向している事実が存在していることを念頭におくべきことを要請する。ここにおける借手と貸付事務処理者・金融機関との対向関係は、立法者意思、刑罰法規、その他の形式的根拠によってのみ根拠づけられる形式的対向犯の関係ではないし、刑罰法規の文言ないしその解釈を直接の根拠とする法律的対向犯の関係でもない。融資を挟んだ借手と貸付事務処理者・金融機関に係る具体的な事実状況・事実関係を考慮するならば、そこには、実質的根拠によって認められる実質的対向犯の関係が存在しているし、当該犯罪に係る事案の事実状況・事実関係を直接の根拠とする事実的対向犯の関係が存在しているといえるのである。

156　終　章　要　約

これに対し、後者の刑法各論的な問題は、(特別) 背任罪における本人 (金融機関) と事務処理者との関係は、一面では対向的ではあるとしても、対内的な関係を本質とすることを念頭におくべきことを要請する。すなわち、事務処理者の行うべき事務は、本人との関係では対向的な関係にあるとしても、本人との信任関係に基づいて、本人のために、本人に代わって、誠実に行われるべき事務なのであって、それはあくまでも対内的な事務としての本質を有していることを考慮すべきなのである。

(2)　**前提思考**

①　**形式的対向犯から実質的対向犯へ**　　不正融資における貸付事務処理者・金融機関と借手との関係は、立法者意思、刑罰法規その他形式的根拠にとどまっている形式的対向犯ではなく、実質的原理によって根拠づけられる実質的対向犯であり、事案の具体的な事実により、複数関与者の行為が互いに向きあう対向的な関係にある。

そして、対向犯を分析するにあたって実質的な観点を導入したときには、片面的対向犯を実質的に根拠づけ、その射程範囲を画する実質的基盤を解明しなければならないのであり、その限りで、対向犯的関与行為の定型性・通常性という形式的枠組みにとどまっていることはもはやできないのである。

②　**法律的対向犯から事実的対向犯へ**　　また、不正融資における貸付事務処理者・金融機関と借手との関係は、法律的対向犯ではないけれども、その具体的な事実関係・事実事情を考慮したときには、法律的対向犯と同じ実態を有しており、複数行為者の行為が当然に必要で、しかも、それら複数行為者の行為が相互に対向しあっている実態が存在しているのであり、法律的対向犯に妥当する考え方は、事実的対向犯にも妥当するのである。

そして、対向犯的関与者の一方関与者不処罰の根拠について、実質的な観点を導入して実質的基盤を解明しようとするとき、法律的対向犯と事実的対向犯の分類は、その発生の契機に係る名目的な意味を有するにすぎなくなり、すべては実質的対向犯として事実的対向犯に収斂していくことになるのである。その意味で、対向犯的関与者の一方関与者不処罰の実質的根拠・範囲を究明することが重要であり、本書は実質的多元説を妥当と考える。

③　**片面的対向犯の実質的根拠**　　さらに、対向犯の問題は、結局、刑法

各則その他の刑罰法規の個別解釈の問題へと還元されていくことになる。というのは、対向犯は、個々の具体的犯罪の個別事情や個々の事案の具体的事実関係の特殊性を考慮して検討されなければならず、すべて刑法各則その他の刑罰法規の個別解釈の問題に集約されることになるからである。

　そして、不正融資における借手の刑事責任、特に（特別）背任罪の共同正犯・共犯の罪責を検討する場合には、事実的対向犯の中の片面的対向犯の構造が妥当するのであり、それを端的に表現すれば、「利害の対立・対向にある」ということができる。

2　私見の要約

　不正融資における借手の刑事責任について、私見は、事実的対向犯の片面的対向犯の構造が妥当すると解するのであるが、この「事実的対向犯説」の根拠として、以下の諸点をあげることができる。

(1)　根　拠

　① 　利害の対立・対向　　金融機関の役職員が不正融資を行った場合、すなわち、特に回収に困難が予想されるにもかかわらず無担保もしくは充分な担保を徴求することなく貸付を行った場合、そこには、借手と金融機関・貸付事務処理者との利害が対立・対向している関係が存在しているのであって、この対向関係を刑法的に翻訳すれば、「借手が貸付事務処理者の『任務違背行為』を『自己の犯罪』として実現したので『両者一体の共同正犯』の関係が認められる」ことはありえないことを意味する。換言すれば、対立・対向している借手と金融機関・事務処理者との利害は、およそ互換性や一体性が認められる性質のものではないということである。

　② 　内部的信任関係　　他方、（特別）背任罪が前提とする信任関係は、本人と事務処理者との「内部的信任関係」であって、対向的な取引関係にある者相互間の「対向的信任関係」は（特別）背任罪の基盤とはなりえないのであって、取引の自由と安全の観点からみた場合、不正融資における借手は、本人の事務処理者ではないため、本人との関係で任務・権限を欠き、事務処理者と実質的に等置しうる事実的な事務処理関係・事務処理権限の基盤を欠いているだけでなく、身分者たる事務処理者とは取引の利害が対立・対向し

ているため、本人への財産上の損害という結果は一方当事者である事務処理者にのみ、異なる性格のものとして帰属されるにすぎないのである。そのため、本人の経済活動の外にあって、本人に対していわば対向的関係において義務を負うにすぎない者は、この事務処理者には含まれないのであり、そうした者についてはむしろ詐欺罪等の別罪の成立する余地があるにすぎないのである。

③　**実行行為への加功の困難性**　（特別）背任罪は、事務処理者が自己に委託された任務に違背する行為を通じて、本人に財産上の損害を加える犯罪であり、事務処理者が任務違背行為を欠いた場合には、たとえ財産上の損害が発生しても本罪は成立しない。しかも、（特別）背任罪の実行行為そのものはもっぱら事務処理者によって行われるのであり、融資においては、金融機関の貸付事務処理者がその実行行為を専権的に行い、借手は実行行為に直接加功することはできないのである。

不正融資における借手の刑事責任については、（特別）背任罪の共謀共同正犯が問題となるのであるが、ここでは、身分者である貸付事務処理者の利害と、非身分者である借手の利害とが対立・対向した関係にあって、双方の立場に互換性・一体性が認められないため、借手が、貸付事務処理者の任務違背行為という実行行為につき、貸付事務処理者と同一の利害のもとで一体となり、自己の犯罪として共同加功したといえる場合、つまり、（特別）背任罪につき共同実行の意思と共同実行の事実とが認められる場合、というのは観念することができないのである。

④　**違法性の断絶**　さらに、融資において、借手の行為は、金融機関の事務処理者の行為を介して金融機関（本人）の財産的法益を侵害するものではあるけれども、しかし、それは金融機関側の視点に立っての認定であり、それをそのまま、利害の対立・対向する借手側の行為の認定に妥当させることは相当ではない。というのは、融資側の貸付事務処理者の任務違背行為と被融資側の借手の融資依頼行為ないし被融資行為との間には、違法性の断絶が存在しているのであり、その限りで、違法の連帯性が遮断されており、借手の行為の違法性は減弱しているのである。

⑤　**期待可能性の低減**　また、借手が、自己の経営する会社の不渡りを

何とか回避して倒産を防ぐために、早急に運転資金を獲得しようと努力し、情報収集し、(継続) 融資を受けるための画策をすることは、経営者として当然なすべき行為と考えられる。まして従業員を抱えている会社の経営者であってみれば、家族同然の従業員の生活を守るために倒産を回避したいと考え、現在の危機的状況を脱すれば何とか経営状態の改善・回復を図ることができると考えるのは、その経営判断に甘いところがあり、客観的に見れば合理性に欠ける点があったとしても、それは無理からぬ心情ともいえる。

　融資において、貸付事務処理者と借手では、可罰的な期待可能性の許容限界量が、その立場の違いに相応して異なっており、両者の有責性の判断は別異になされなければならないのである。

(2) 要　約

　かくして、私見は、不正融資の相手方である借手に (特別) 背任罪の共同正犯・共犯が成立しないのは、借手の行為と貸付事務処理者 (金融機関) の行為との関係が、立法者意思、本罪の条文やその解釈という形式的な観点から認められる形式的対向犯・法律的対向犯であるからではない。それは、融資に係る具体的な事実関係や、不正融資の事案における事実状態、さらに (特別) 背任罪の具体的な事実面に係る実質的な観点から認められる実質的対向犯であるからであるし、本罪の事実面として個別具体的に対向犯の関係にある事実的対向犯であるからでもある。

　そして、不正融資の相手方である借手の刑事責任については、事実的対向犯として、対向犯的関与者の一方不処罰の類型、つまり片面的対向犯と同じように考えることができるのであるが、それは、本書で提示したような実質的な根拠が存在するからである。しかも、先の検討からも明らかなように、これは、共犯 (教唆犯・従犯) にも妥当するものである。

3　残された課題

　当該犯罪が必要的共犯・対向犯であるかどうかについて、各則の法律要件 (構成要件)・刑罰法規の文言が必ずしも決定的な基準となりえないとすると、当該具体的犯罪の個別事情や個々の具体的な事案の特殊性を考慮しつつ、個々の刑罰法規を解釈していくことでしか結論を出すことができないことにな

り、結局は、個々の刑罰法規の解釈問題に還元されざるをえないことになる。

本書では、不正融資における借手の刑事責任について、貸付事務処理者・金融機関と借手とは必要的共犯における事実上の対向犯の関係にあることを「事実的対向犯」構造として用い、借手につき（特別）背任罪の共同正犯・共犯は、成立しえないとして不可罰性を根拠づけようと試みた。

以上の本書での作業は、従来、当然と考えられてきた「必要的共犯の対向犯は、法律的対向犯に限定される」という前提認識に疑問を提起し、「必要的共犯の対向犯には、事実的対向犯も存在する」という主張を展開するものである。それは同時に、必要的共犯については、形式的対向犯から実質的対向犯へと視座を移行させるのは不可避であることを確認するものでもある。

事実的対向犯の構造は、本書でも触れたように、ほかにも存在するのではないかと考えられる。不正融資における借手の刑事責任（背任罪の共同正犯・共犯）の検討は、その素材の1つを扱ったにすぎないともいえる。そのほかにも事実的対向犯は存在しうるのではないかという問いに答えるのは、今後の課題である。

判例一覧

＊各判例末尾の〔　〕内は本書掲出頁

・大判大正 3 ・06・17刑録20・1218〔2〕

・大判大正 4 ・03・02刑録21・194〔2〕

・大判大正 5 ・11・10刑録22・1733〔2〕

・関東地判大正11・08・08法律新聞2020・ 3 、法律評論11刑法214〔38〕

・大判昭和 4 ・04・30刑集 8 ・207〔23, 38, 45, 54〕

・大判昭和 7 ・05・11刑集11・614〔2〕

・大判昭和 8 ・09・29刑集12・1683〔26, 46, 54, 88〕

・大判昭和11・02・25法律評論25刑法215〔38〕

・大判昭和13・04・08法律新聞4282・16、法律学説判例評論全集27・刑法98〔9, 37, 51〕

・大判昭和14・12・22法律学説判例評論全集29・刑法30〔10, 38, 52〕

・大判昭和15・03・01刑集19・63

・最判昭和25・09・19刑集 4 ・ 9 ・1664、判タ 6 ・39〔2〕

・東京高判昭和30・10・11高刑集 8 ・ 7 ・934、判タ53・56〔24, 46, 54〕

・最判昭和32・11・19刑集11・12・3073〔2〕

・練馬事件・最大判昭和33・05・28刑集12・ 8 ・1718、判時150・ 6 〔98, 124〕

・千葉銀行特別背任事件・最判昭和40・03・16裁判集刑155・67〔31, 48, 55, 80〕

　　・千葉銀行特別背任事件・東京地判昭和36・04・27下刑集 3 ・3=4・346〔30, 79, 121〕

　　・千葉銀行特別背任事件・東京高判昭和38・11・11（判例集不登載）〔30, 31, 48, 55, 58, 79, 121〕

・最決昭和40・03・30刑集19・ 2 ・125〔2〕

・第一相互銀行事件・東京高判昭和42・01・30高裁刑事裁判速報1581〔31, 39〕

　　・第一相互銀行事件・東京地判昭和40・04・10判時411・35〔31, 49, 55〕

・最判昭和42・04・20民集21・ 3 ・697、判時484・48、判タ207・78〔81〕

・最判昭和43・12・24刑集22・13・1625、判時547・93、判タ230・256〔64, 102, 105, 119, 133, 137〕

　　・静岡地裁沼津支部判昭和41・05・20刑集22・13・1631〔134〕

　　・東京高判昭和42・06・14刑集22・13・1641、判時503・78、判タ230・256〔134〕

・最判昭和51・03・18刑集30・ 2 ・212〔105〕

162　判例一覧

- 最決昭和54・03・27刑集33・2・140〔41〕
- 最決昭和54・04・13刑集33・3・179、判時923・21、判タ386・97〔41〕
- 東京高判昭和54・12・11東京高裁刑事判決時報30・12・179〔41〕
- 富士銀行背任事件・最判昭和57・04・22裁判集刑227・75、判時1042・147〔25, 46, 54〕
- 最決昭和61・06・09刑集40・4・269、判時1198・157、判タ606・54〔41〕
- 第一勧業銀行不正融資事件・東京高判平成2・03・22経済取引関係裁判例集（刑事裁判資料261）411〔11, 52〕
  - 第一勧業銀行不正融資事件・東京地判平成元・06・05経済取引関係裁判例集（刑事裁判資料261）392〔11, 52〕
- 東京佐川急便暴力団関係事件・東京地判平成5・06・17判タ823・265〔33, 50, 56〕
- 佐川急便平和堂関係事件・東京地判平成5・12・09判タ854・291〔34, 41, 50, 56〕
- イトマン・マスコミ対策関連融資特別背任事件・大阪地判平成6・01・28判タ841・283〔12, 39, 52〕
- 熊本地判平成6・03・15判時1514・169, 判タ863・281〔128〕
- 最決平成8・02・06刑集50・2・129、判時1562・133、判タ905・134〔3, 49, 59〕
  - 福岡地判平成3・01・31刑集50・2・192〔33, 49, 55〕
  - 福岡高判平成4・05・13刑集50・2・202〔49〕
- 最決平成9・07・09刑集51・6・453、判時1616・157、判タ951・148〔2〕
- 三越事件・最決平成9・10・28裁判集刑272・93、判時1617・145、判タ952・203〔13, 40, 52〕
  - 三越事件・東京地判昭和62・06・29判時1263・56〔14, 52〕
  - 三越事件・東京高判平成5・11・29高刑集47・2・55、判タ851・122〔14, 52〕
- 平和相互銀行事件・最決平成10・11・25刑集52・8・570、判時1662・157、判タ991・134
  - 平和相互銀行事件・東京地判平成2・03・26刑集52・8・1033、判時1356・63、判タ733・242〔41〕
- 住友銀行青葉台支店不正融資仲介事件・最決平成11・07・06刑集53・6・495、判時1686・154、判タ1010・251
  - 住友銀行青葉台支店不正融資仲介事件・東京地判平成6・10・17刑集53・6・537、判時1574・33、判タ902・220〔128, 134, 135〕

・住友銀行青葉台支店不正融資仲介事件・東京高判平成 8 ・05・13刑集53・
　　6 ・603、判時1574・25、判タ919・263
・JHL 不正融資 - 高峰リゾート開発事件・東京地判平成12・05・12判タ1064・254
　　〔15, 41, 42, 53〕
・JHL 特別背任事件・東京地判平成13・10・22判時1770・ 3 〔17, 42, 53〕
・JHL 不正融資 - オクト社事件・最決平成15・02・18刑集57・ 2 ・161、判時
　　1819・155、判タ1118・100〔17, 28, 35, 42, 44, 52, 78〕
　　・JHL 不正融資 - オクト社事件・東京地判平成11・05・28刑集57・ 2 ・210、
　　　判タ1031・253〔28, 47, 55〕
　　・JHL 不正融資 - オクト社事件・東京高判平成12・07・12刑集57・ 2 ・271
　　　〔28, 55〕
・北國銀行事件・最判平成16・09・10刑集58・ 6 ・524、判時1875・148、判タ
　　1167・106〔19, 43, 53〕
　　・北國銀行事件・名古屋高判平成13・01・24刑集58・ 6 ・626
　　・北國銀行事件・名古屋高判平成17・10・28高裁刑事裁判速報集平成17・285
　　　〔20, 44, 53, 121〕
・イトマン絵画取引事件・最決平成17・10・07刑集59・ 8 ・1108、判時1914・
　　157、判タ1197・148〔3, 29, 48, 55〕
　　・イトマン絵画取引事件・大阪地判平成13・03・29刑集59・ 8 ・1170〔29, 55〕
　　・イトマン絵画取引事件・大阪高判平成14・10・31刑集59・ 8 ・1307、判時
　　　1844・123、判タ1111・239〔29, 55〕
・石川銀行事件・最決平成20・05・19刑集62・ 6 ・1623、判時2047・159、判タ
　　1301・126〔3, 22, 45, 53, 78〕
　　・石川銀行事件・金沢地判平成16・12・27刑集62・ 6 ・1727〔23, 53〕
　　・石川銀行事件・名古屋高裁金沢支部判平成18・09・05刑集62・ 6 ・1772〔23,
　　　53〕
・福岡高判平成21・04・10高裁刑事裁判速報集平成21・284〔35, 51, 56〕
・拓殖銀行特別背任事件・最決平成21・11・09刑集63・ 9 ・1117、判時2069・
　　156、判タ1317・142〔21, 36, 51, 56〕
　　・拓殖銀行特別背任事件・札幌地判平成15・02・27刑集63・ 9 ・1328、判タ
　　　1143・122〔21〕
　　・拓殖銀行特別背任事件・札幌高判平成18・08・31刑集63・ 9 ・1486、判タ
　　　1229・116〔21, 44, 52〕
・大阪地判平成25・11・22D1-Law.com 判例体系：28222712／ LLI/DB 判例秘書：
　　L06850687〔27, 47, 54〕

評釈文献一覧

・東京高判昭和30・10・11高刑集 8・7・934、判タ53・56
　　　。藤木英雄『銀行取引判例百選』（1966年）212～213頁
・千葉銀行特別背任事件・最判昭和40・03・16裁判集刑155・67
　　　。三井　誠『続刑法判例百選』（1971年）182～183頁
・第一相互銀行事件・東京高判昭和42・01・30高裁刑事裁判速報1581
　　・東京地判昭和40・04・10判時411・35
　　　。藤木英雄『銀行取引判例百選』（1966年）214～215頁
・最判昭和43・12・24刑集22・13・1625、判時547・93、判タ230・256
　　　。西原春夫・判タ234号（1969年）89～92頁
　　　。内田文昭『刑法解釈論集（総論Ⅰ）』（1982年）332～340頁
　　　。中　義勝『刑法判例百選Ⅰ総論』（第2版・1984年）188～189頁
　　　。北野通世『刑法判例百選Ⅰ総論』（第3版・1991年）198～199頁
　　　。北野通世『刑法判例百選Ⅰ総論』（第4版・1997年）198～199頁
　　　。生田勝義『刑法判例百選Ⅰ総論』（第5版・2003年）194～195頁
　　　。京藤哲久『刑法判例百選Ⅰ総論』（第6版・2008年）200～201頁
　　　。京藤哲久『刑法判例百選Ⅰ総論』（第7版・2014年）198～199頁
　　・東京高判昭和42・06・14刑集22・13・1641、判時503・78
　　　。鈴木義男／臼井滋夫ほか『刑法判例研究Ⅱ』（1968年）148～158頁
・第一勧業銀行不正融資事件・東京高判平成2・03・22経済取引関係裁判例集（刑
　　　　　事裁判資料261）411
　　　。長井　圓／佐々木史朗編『判例経済刑法大系第3巻刑法』（2000年）180～
　　　　　190頁
・東京佐川急便暴力団関係事件・東京地判平成5・06・17判タ823・265
　　　。柴田牧子・上智大学・上智法學論集39巻1号（1995年）359～373頁
　　　。星周一郎・東京都立大学・法学会雑誌38巻1号（1997年）617～626頁
・佐川急便平和堂関係事件・東京地判平成5・12・09判タ854・291
　　　。神山敏雄／佐々木史朗編『判例経済刑法大系第1巻商法罰則・証券取引
　　　　　法』（2000年）96～102頁
・最決平成8・02・06刑集50・2・129、判時1562・133、判タ905・134
　　　。木村光江・法学教室193号（1996年）158～159頁
　　　。佐伯仁志・金融判例研究6号（1996年）78～81頁
　　　。渡邉一弘・研修580号（1996年）13～22頁

評釈文献一覧　　165

◦半谷恭一・東京公証人会会報平成 8 年 8 月号（1996年） 2 ～ 8 頁
◦岡本　勝『平成 8 年度重要判例解説』（1997年）153～155頁
◦佐々木正輝・警察学論集50巻12号（1997年）182～192頁
◦林　幹人・ジュリスト1119号（1997年）148～150頁
◦木村光江・判例評論458号（判時1591号）（1997年）232～235頁
◦木村光江・判例セレクト1996（法学教室198号別冊付録）（1997年）39頁
◦半谷恭一・法の支配107号（1997年）118～128頁
◦今崎幸彦・ジュリスト1105号（1997年）124～125頁
◦秋葉悦子『刑法判例百選Ⅱ各論』（第 4 版・1997年）124～125頁
◦関　哲夫・判タ927号（1997年）56～62頁（佐々木史朗編『特別刑法判例研究
　　　第 1 巻』〔1998年〕180頁以下に収録）
◦今崎幸彦・法曹時報50巻11号（1998年）257～273頁
◦川崎友巳・同志社大学・同志社法学50巻 1 号（1998年）474～495頁
◦雨宮　啓・銀行法務21／43巻 7 号（1999年）68～72頁
◦西田典之・研修607号（1999年）13～20頁
◦今崎幸彦『最高裁判所判例解説刑事篇平成 8 年度』（1999年）36～51頁
◦山本輝之『刑法判例百選Ⅱ各論』（第 5 版・2003年）134～135頁
◦今崎幸彦『最高裁時の判例〔平成元年～平成14年〕Ⅳ』（2004年）157～
　　　158頁
◦川崎友巳『刑法判例百選Ⅱ各論』（第 6 版・2008年）144～145頁
・最決平成 9 ・07・09刑集51・ 6 ・453、判時1616・157、判タ951・148
◦三好幹夫・ジュリスト1126号（1998年）330～332頁
◦高橋則夫『平成 9 年度重要判例解説』（1998年）158～160頁
◦三好幹夫・法曹時報51巻 4 号（1999年）176～193頁
◦伊東研祐・現代刑事法 1 号（1999年）75～80頁
◦井田　良・ジュリスト1187号（2000年）109～112頁
◦三好幹夫『最高裁判所判例解説刑事篇平成 9 年度』（2000年）101～117頁
◦川崎友巳・同志社大学・同志社法学53巻 8 号（2002年）160～172頁
◦三好幹夫『最高裁時の判例〔平成元年～平成14年〕Ⅳ』（2004年）22～24
　　　頁
◦今井猛嘉『租税判例百選』（第 4 版・2005年）243頁
◦小林敬和・税法学561号（2009年）75～96頁
・三越事件・最決平成 9 ・10・28裁判集刑272・93、判時1617・145、判タ952・203
◦佐々木正輝・警察学論集51巻 6 号（1998年）197～208頁
◦関根　徹・中央大学・法學新報105巻10＝11号（1999年）317～333頁

166 判評釈文献一覧

- ・神山敏雄／佐々木史朗編『判例経済刑法大系第 1 巻　商法罰則・証券取引法』（2000年）120～129頁
- ・平和相互銀行事件・最決平成10・11・25刑集52・8・570、判時1662・157、判タ991・134
  - ・木村光江『平成10年度重要判例解説』（1999年）154～155頁
  - ・木口信之・ジュリスト1156号（1999年）138～140頁
  - ・関根　徹・中央大学・法學新報106巻1=2号（1999年）255～268頁
  - ・上嶌一高・金融判例研究 9 号（金融法務事情1556号）（1999年）77～80頁
  - ・佐久間修・法学教室226号（1999年）132～133頁
  - ・佐々木史朗＝専田泰孝・判タ1026号（2000年）22～25頁
  - ・木口信之・法曹時報52巻10号（2000年）257～285頁
  - ・今井猛嘉『刑法判例百選Ⅱ各論』（第 5 版・2000年）136～137頁
  - ・藤澤牧子・上智大学・上智法學論集44巻 1 号（2000年）171～184頁
  - ・上嶌一高・現代刑事法 9 号（2000年）66～71頁
  - ・木口信之『最高裁判所判例解説刑事篇平成10年度』（2001年）205～233頁
  - ・佐伯仁志・ジュリスト1232号（2002年）192～196頁
  - ・木口信之『最高裁時の判例〔平成元年～平成14年〕Ⅳ』（2004年）154～156頁
  - ・長井　圓『刑法判例百選Ⅱ各論』（第 6 版・2008年）146～147頁
  - ・渡辺　久『企業不祥事判例にみる役員の責任』（別冊金融・商事判例）（2012年）177～183頁
  - ・品田智史『刑法判例百選Ⅱ各論』（第 7 版・2014年）146～147頁
- ・住友銀行青葉台支店不正融資仲介事件・最決平成11・07・06刑集53・6・495、判時1686・154、判タ1010・251
  - ・池田　修・ジュリスト1167号（1999年）106～107頁
  - ・錦織　聖・研修621号（2000年）113～114頁
  - ・大西武士・判タ1023号（2000年）47～53頁
  - ・西田典之・金融法務事情1577号（2000年）6～12頁
  - ・河野玄逸・金融判例100（金融法務事情1581号〔2000年〕）72～73頁
  - ・山元裕史・警察公論55巻 8 号（2000年）92～101頁
  - ・佐伯仁志・金融法務事情1588号（2000年）76～79頁
  - ・黒川弘務・警察学論集53巻12号（2000年）159～168頁
  - ・池田　修・法曹時報53巻12号（2001年）301～325頁
  - ・上嶌一高・判例評論518号（判時1773号）（2002年）213～218頁
  - ・池田　修『最高裁判所判例解説刑事篇平成11年度』（2002年）110～134頁

◦笠井　治・ジュリスト1243号（2003年）148〜152頁

　　◦池田　修『最高裁時の判例〔平成元年〜平成14年〕Ⅲ』（2004年）405〜
　　　406頁

　　◦関　哲夫『融資責任を巡る判例の分析と展開』（金融・商事判例増刊1411
　　　号）（2013年）46〜49頁

　・東京高判平成8・05・13刑集53・6・603、判時1574・25、判タ919・263

　　　◦大西武士・判タ927号（1997年）50〜55頁

・JHL特別背任事件・東京地判平成13・10・22判時1770・3

　　◦豊田兼彦・判例セレクト2002（法学教室270号別冊付録）（2003年）32頁

・JHL不正融資-オクト社事件・最決平成15・02・18刑集57・2・161、判時
　　　1819・155、判タ1118・100

　　◦朝山芳史・ジュリスト1249号（2003年）147〜148頁

　　◦上嶌一高・現代刑事法65号（2004年）92〜98頁

　　◦中西武夫・法の支配132号（2004年）57〜68頁

　　◦橋本正博『平成15年度重要判例解説』（2004年）173〜174頁

　　◦朝山芳史・法曹時報57巻8号（2005年）281〜309頁

　　◦朝山芳史『最高裁判所判例解説刑事篇平成15年度』（2006年）63〜92頁

　　◦朝山芳史『最高裁時の判例〔平成15年〜平成17年〕Ⅴ』（2007年）293〜
　　　294頁

　　◦橋爪　隆『刑法判例百選Ⅱ各論』（第6版・2008年）148〜149頁

　　◦品田智史／松原芳博編『刑法の判例 各論』（2011年）175〜189頁

　　◦井田　良『刑法判例百選Ⅱ各論』（第7版・2014年）148〜149頁

　・東京地判平成11・05・28刑集57・2・210、判タ1031・253

　　　◦佐々木史朗＝内田幸隆・判タ1064号（2001年）62〜66頁

　　　◦豊田兼彦・判例セレクト2002（法学教室270号別冊付録）（2003年）32頁

・北國銀行事件・最判平成16・09・10刑集58・6・524、判時1875・148、判タ
　　　1167・106

　　◦上嶌一高『平成16年度重要判例解説』（2005年）173〜174頁

　　◦上田　哲・ジュリスト1298号（2005年）165〜167頁

　　◦島田聡一郎・判例セレクト2005（法学教室306号別冊付録）（2006年）37頁

　　◦松宮孝明・立命館大学・立命館法学307号（2006年）95〜110頁

　　◦上嶌一高・ジュリスト1336号（2007年）132〜136頁

　　◦上田　哲・法曹時報59巻6号（2007年）240〜285頁

　　◦上田　哲『最高裁時の判例〔平成15年〜平成17年〕Ⅴ』（2007年）345〜
　　　347頁

168　判評釈文献一覧

- ◦上田　哲『最高裁判所判例解説 刑事篇 平成16年度』（2007年）399～444頁
- ◦胡　薇・久留米大学法学64号（2010年）103～117頁
- ◦弥永真生・法律時報82巻 9 号（2010年）31～34頁
- ◦品田智史・法律時報82巻 9 号（2010年）26～30頁
- ◦土平英俊『企業不祥事判例にみる役員の責任（別冊金融・商事判例）』（2012年）215～224頁
- ◦東北大学刑事法判例研究会・法学76巻 5 号（2012年）570～579頁
- ◦船越杏菜・東北大学・法学76巻 5 号（2012年）80～89頁
- ・名古屋高判平成13・01・24刑集58・ 6 ・626
- ◦長井　圓・神奈川大学・神奈川法学35巻 3 号（2002年）123～145頁

・イトマン絵画取引事件・最決平成17・10・07刑集59・ 8 ・1108、判時1914・157、判タ1197・148

- ◦今井猛嘉『平成17年度重要判例解説』（2006年）174～176頁
- ◦内田幸隆・刑事法ジャーナル 5 号（2006年）148～156頁
- ◦鈴木彰雄・判例評論571号（判時1934号）（2006年）214～218頁
- ◦芦澤政治・ジュリスト1338号（2007年）193～195頁
- ◦芦澤政治・法曹時報59巻 8 号（2007年）275～307頁
- ◦芦澤政治『最高裁時の判例〔平成15年～平成17年〕Ⅴ』（2007年）301～303頁
- ◦芦澤政治『最高裁判所判例解説 刑事篇　平成17年度』（2008年）420～452頁
- ◦上嶌一高・ジュリスト1372号（2009年）187～191頁
- ◦横瀬浩司・愛知産業大学・愛産大経営論叢13号（2010年）83～95頁

・石川銀行事件・最決平成20・05・19刑集62・ 6 ・1623、判時2047・159、判タ1301・126

- ◦橋爪　隆・NBL888号（2008年）13～21頁
- ◦西田典之・金融法務事情1847号（2008年）10～20頁
- ◦河津博史・銀行法務21／52巻14号（2008年）56頁
- ◦橋爪　隆・刑事法ジャーナル15号（2009年）125～133頁
- ◦青柳　勤・ジュリスト1390号（2009年）138～139頁
- ◦垣口克彦・阪南大学・阪南論集 社会科学編45巻 2 号（2010年）97～106頁
- ◦青柳　勤『最高裁時の判例〔平成18年～平成20年〕Ⅵ』（2010年）329～330頁
- ◦島田聡一郎・判例セレクト2009〔1〕（法学教室353号別冊付録）（2010年）35頁

◦ 津田尊弘・警察公論65巻2号（2010年）105〜111頁
◦ 青柳　勤・法曹時報63巻11号（2011年）237〜267頁
◦ 青柳　勤『最高裁判所判例解説 刑事篇 平成20年度』（2012年）373〜403頁
◦ 島田聡一郎『融資責任を巡る判例の分析と展開』（金融・商事判例増刊1411号）（2013年）50〜53頁
◦ 奥田洋一『実務に効く　コーポレート・ガバナンス判例精選』（2013年）247〜255頁

・拓殖銀行特別背任事件・最決平成21・11・09刑集63・9・1117、判時2069・156、判タ1317・142

◦ 弥永真生・ジュリスト1392号（2010年）178〜179頁
◦ 清水真＝阿南剛・旬刊商事法務1897号（2010年）25〜31頁
◦ 松山昇平・金融法務事情1896号（2010年）12〜19頁
◦ 品田智史・刑事法ジャーナル22号（2010年）114〜119頁
◦ 中村芳生・研修746号（2010年）15〜28頁
◦ 松山昇平・金融法務事情1896号（2010年）12〜19頁
◦ 林　幹人・判時2098号（2011年）10〜14頁
◦ 木崎峻輔・法律時報83巻3号（2011年）122〜125頁
◦ 内田幸隆・判例セレクト2010〔1〕（法学教室365号別冊付録）（2011年）37頁
◦ 島田聡一郎『平成22年度重要判例解説』（2011年）214〜215頁
◦ 大久保拓也『速報判例解説8巻』（2011年）151〜154頁
◦ 岩原紳作・ジュリスト1422号（2011年）136〜139頁
◦ 神吉正三・龍谷大学・龍谷法学44巻4号（2012年）155〜184頁
◦ 青柳　勤・法曹時報64巻5号（2012年）233〜259頁
◦ 青柳　勤・ジュリスト1444号（2012年）99〜103頁
◦ 赤間英一『企業不祥事判例にみる役員の責任』（別冊金融・商事判例）（2012年）168〜176頁
◦ 船越杏菜・東北大学・法学77巻1号（2013年）74〜83頁
◦ 青柳　勤『最高裁判所判例解説 刑事篇 平成21年度』（2013年）505〜531頁
◦ 小田大輔『融資責任を巡る判例の分析と展開』（金融・商事判例増刊1411号）（2013年）54〜57頁
◦ 東北大学刑事法判例研究会・法学77巻1号（2013年）74〜83頁
◦ 奥田洋一『実務に効く　コーポレート・ガバナンス判例精選』（2013年）247〜255頁
◦ 青柳　勤『最高裁時の判例〔平成21年〜平成23年〕Ⅶ』（2014年）310〜

170 判評釈文献一覧

313頁

・札幌高判平成18・08・31刑集63・9・1486、判タ1229・116
　。大久保拓也・税務事例39巻12号（2007年）62～66頁
　。大久保拓也『速報判例解説2巻』（2008年）139～142頁

参考文献一覧

＊刑法総論・刑法各論の基本書は省略した。
＊判例を評釈した文献は＜評釈文献一覧＞に掲記した。

・江家義男 「背任罪の解釈的考察」早稲田大学・早稲田法学23巻（1948年）21頁
　　　　　以下
・江家義男 「背任罪の基本理論」法曹時報 5 巻 5 号（1953年）16頁以下
・三堀　博 「特別背任罪」ジュリスト53号（1954年）18頁以下
・長島　敦 「特別背任罪について」法律時報26巻 5 号（1954年）512頁以下
・荘子邦雄 「預金リベート交付行為および不当貸付行為と横領罪・背任罪の成
　　　　　否」判時176号（1959年）11頁以下
・井上正治 「背任罪の本質：1 つの覚書」九州大学・法政研究27巻2=3=4号（1961
　　　　　年）385頁以下
・吉田常次郎 「横領罪と背任罪」中央大学・法學新報68巻 4 号（1961年）229頁以
　　　　　下
・西村克彦 「必要的共犯とは何か──賄賂罪に関して」岡山大学・法経学雑誌14
　　　　　巻 3 号（1964年） 1 頁以下
・真鍋　毅 「背任罪における財産上の損害」九州大学・法政研究30巻4=5号（1964
　　　　　年）381頁以下
・藤木英雄 『経済取引と犯罪』（1965年）233頁以下
・団藤重光編 『注釈刑法(6)各則(4)』（1966年）265頁以下〔内藤謙〕
・西村克彦 『犯罪形態論序説』（1966年）
・前田信二郎 「特別背任罪の一考察」ジュリスト363頁（1967年）86頁以下
・所　一彦 「背任罪における財産上の損害」警察研究38巻 4 号（1967年）129頁以
　　　　　下
・前田信二郎 「特別背任罪・序説」近畿大學法學16巻 1 号（1967年） 1 頁以下
・前田信二郎 「特別背任罪の考察方法」刑法雑誌15巻 2 号（1967年）58頁以下
・亀山継夫 「破産犯罪に関する二、三の問題（その 2）(1)」警察研究40巻 2 号
　　　　　（1969年）71頁以下
・河井信太郎 「特別背任罪 1 ～ 4 」財政経済弘報1335号（1969年）10頁以下、
　　　　　1336号（1969年） 8 頁、1337号（1969年） 6 頁以下、1338号（1969年） 8
　　　　　頁以下
・吉永祐介 「判例からみた特別背任罪の諸問題」警察学論集23巻 7 号（1970年）

172 参考文献一覧

55頁以下

・木村　清　「特別背任罪についての一考察」警察学論集23巻7号（1970年）76頁
　　以下
・西村克彦　「必要的共犯論の反省(1)（2・完)」判時603号（1970年）12頁以下、
　　605号（1970年）7頁以下
・大塚仁編　『判例コンメンタール刑法Ⅲ（各則Ⅱ)』（1976年）317頁以下〔板倉宏〕
・川人貞雄　「特別背任罪の捜査について」警察学論集31巻9号（1978年）58頁以
　　下
・西田典之　「補助金適正化法29条の共犯関係──身分犯と共同正犯、必要的共
　　犯」判時893号（1978年）158頁以下
・中山研一　「＜刑事法学の動き＞平野龍一『必要的共犯について（上・下)』警察
　　研究49巻3、4号（1978年)」法律時報51巻8号（1979年）115頁以下
・瀧川幸辰　「必要的共犯」『瀧川幸辰刑法著作集第4巻』（1981年）367頁以下
・平野龍一　「必要的共犯について」平野龍一『犯罪論の諸問題（上）総論』（1981
　　年）184頁以下
・西原春夫ほか編　『判例刑法研究第6巻』（1983年）327頁以下〔中山研一〕
・安里全勝　「横領罪と背任罪の区別についての考察」山梨学院大学法学論集7号
　　（1984年）28頁以下
・的場純男　「貸付業務と背任罪」経営刑事法研究会編『事例解説経営刑事法Ⅰ』
　　（1986年）141頁以下
・伊藤栄樹ほか編　『注釈特別刑法第5巻経済法編Ⅰ』（1986年）103頁以下〔伊藤
　　栄樹〕
・筑間正泰　「横領罪と背任罪の関係及びその区別」広島大学・廣島法學10巻4号
　　（1987年）41頁以下
・佐伯千仭　「必要的共犯」佐伯千仭『共犯理論の源流』（1987年）221頁以下
・西田典之　「必要的共犯」『刑法の争点』（新版・1987年）122頁
・香城敏麿　「背任罪」『刑法の基本判例』（1988年）156頁以下（香城敏麿『刑法と行
　　政刑法』〔2005年〕435頁以下に収録)
・垣口克彦　「＜資料＞クラウス・ティーデマン『立法者による経済犯罪の防止対
　　策』」阪南大学・阪南論集社会科学編23巻3号（1988年）83頁以下
・芝原邦爾　「特別背任罪・1・2」法律時報61巻10号（1989年）108頁以下、12号
　　（1989年）80頁以下
・大越義久　『共犯論再考』（1989年）19頁以下、102頁以下、112頁以下、118頁以
　　下
・髙﨑秀雄　「最近の金融機関をめぐる犯罪動向」金融法務事情1275号（1991年）

　　　　7頁以下

・上嶌一高　「特別背任罪の類型」商事法務1265号（1991年）22頁以下

・内田文昭　「『故意』と『アプズィヒト（Absicht）』について」『荘子邦雄先生古
　　　　稀祝賀・刑事法の思想と理論』（1991年）113頁以下

・平野龍一ほか編　『注解特別刑法第4巻経済編Ⅰ』（第2版・1991年）1頁以下
　　　　〔佐々木史朗〕

・西村克彦　「必要的共犯に関する試論」西村克彦『刑法運用論』（1991年）80頁以
　　　　下

・山口裕之　「出資法3条（浮貸し等の禁止）違反の罪」金融法務事情1275号（1991
　　　　年）26頁以下

・西田典之　「必要的共犯」阿部純二ほか編『刑法基本講座第4巻』（1992年）260
　　　　頁以下

・香城敏麿　「背任罪の成立要件」阿部純二ほか編『刑法基本講座第5巻』（1993
　　　　年）251頁以下（香城敏麿『刑法と行政刑法』〔2005年〕447頁以下に収録）

・浅田和茂　「＜刑事法学の動き＞上嶌一高『背任罪（刑法247条）理解の再構成(1)
　　　　～（4・完）』」法律時報65巻10号（1993年）116頁以下

・前田雅英　「不正貸付と背任罪・横領罪」警察学論集48巻1号（1995年）127頁以
　　　　下

・堤中良則　「貸付限度額を超える員外貸付」金融法務事情1395号（1994年）65頁

・芝原邦爾　「会社財産の不正支出と業務上横領罪・特別背任罪」法学教室163号
　　　　（1994年）84頁以下

・富士銀行法務部　「融資取引と特別背任（上・下）」金融法務事情1434号（1995年）
　　　　17頁以下、1435号（1995年）30頁以下

・前田雅英　「背任罪と図利加害目的――『主として本人のため』」判時1541号
　　　　（1995年）23頁以下

・平川宗信　「背任罪」芝原邦爾ほか編『刑法理論の現代的展開 各論』（1996年）
　　　　232頁以下（初出は、法学セミナー475号（1994年）、476号（1994年））

・松宮孝明　「共犯の因果性」法学教室202号（1997年）39頁以下

・上嶌一高　『背任罪理解の再構成』（1997年）238頁以下、245頁以下、282頁以下

・上嶌一高　「不良貸付と特別背任罪」西田典之編『金融業務と刑事法』（1997年）
　　　　128頁以下

・橋本正博　「正犯と共犯――共謀共同正犯・間接正犯」法学教室202号（1997年）
　　　　42頁以下

・中山研一ほか　『レヴィジオン刑法1 共犯論』（1997年）117頁以下〔松宮孝明〕

・経営刑事法研究会編　『企業活動と経済犯罪』（1998年）213頁以下〔倉科直文〕

174 参考文献一覧

・林　陽一　「横領罪と背任罪」法学教室215号（1998年）18頁以下
・上嶌一高　「背任罪」法学教室215号（1998年）25頁以下
・ベルンスト・シューネマン／斎藤誠二訳　「客観的な帰属をめぐって」刑法雑誌
　　　　37巻3号（1998年）285頁以下
・西田典之　「背任罪における財産上の損害について」研修607号（1999年）13頁以
　　　　下
・加藤敏員　「背任罪における『財産上の損害』の意義」研修607号（1999年）115
　　　　頁以下
・中森喜彦　「背任罪の共同正犯」研修609号（1999年）3頁以下
・雨宮　啓　「手形保証と背任罪について」銀行法務21・43巻7号（1999年）68頁
　　　　以下
・平野龍一　「横領と背任、再論──『背信説』克服のために──(1)～(4)」判時
　　　　1680号（1999年）3頁以下、1683号（1999年）3頁以下、1686号（1999
　　　　年）11頁以下、1689号（1999年）23頁以下（平野龍一『刑事法研究最終巻』
　　　　〔2005年〕34頁以下に収録）
・山口　厚　「背任罪」山口厚『問題探求刑法各論』（1999年）192頁以下
・野村　稔　「特別背任罪」現代刑事法6号（1999年）103頁以下
・中屋利洋　「手形保証債務を負担させる行為と背任罪の成否」研修624号（2000
　　　　年）13頁以下
・正田満三郎　「背任罪の特性について」判時1713号（2000年）9頁以下
・山中敬一　「＜刑事法学の動き＞豊田兼彦『必要的共犯についての一考察(1)～
　　　　(4)』」法律時報72巻10号（2000年）91頁以下
・松生光正　「中立的行為による幇助(1)・(2・完)」姫路獨協大学・姫路法学27＝28
　　　　号（1999年）203頁以下、31＝32号（2001年）237頁以下
・松宮孝明　「『正犯』と『共犯』──その根拠と限界──」刑法雑誌39巻2号
　　　　（2000年）260頁以下
・丸山雅夫　「必要的共犯」『刑法の争点』（第3版・2000年）113頁
・斉藤豊治　「背任罪の諸問題」現代刑事法12号（2000年）60頁以下
・山川一陽　「財産犯と民法」現代刑事法12号（2000年）68頁以下
・山本輝之　「背任罪における事務処理者の意義」『刑法の争点』（第3版・2000年）
　　　　198頁以下
・田中俊幸　「背任罪おける図利加害目的の意義」『刑法の争点』（第3版・2000年）
　　　　200頁以下
・大塚仁ほか編　『大コンメンタール刑法第13巻』（第2版・2000年）215頁以下〔日
　　　　比幹夫〕

・斉藤豊治　「背任罪の諸問題」現代刑事法12号（2000年）60頁以下
・島田聡一郎　「広義の共犯の一般的成立要件──いわゆる『中立的行為による幇
　　　　　　助』に関する近時の議論を手がかりとして──」立教大学・立教法学57
　　　　　　号（2001年）44頁以下
・内田幸隆　「背任罪の系譜、およびその本質」早稲田大学・早稲田法学会誌51巻
　　　　　　（2001年）134頁以下
・上嶌一高　「金融犯罪の問題点」現代刑事法30号（2001年）32頁以下
・岡　勝年　「特別背任罪の諸問題」名古屋経済大学・名経法学11号（2002年）55
　　　　　　頁以下
・長井　圓　「背任罪における自己答責原理と取引相手に対する共犯の成否──北
　　　　　　国銀行事件控訴審判決をめぐって──」神奈川大学・神奈川法学35巻3
　　　　　　号（2002年）123頁以下
・関　哲夫　「背任罪の共同正犯についての一考察」『刑事法の理論と実践──佐々
　　　　　　木史朗先生喜寿祝賀』（2002年）347頁以下
・曲田　統　「債権者庇護罪における必要的関与について」中央大学・法學新報108
　　　　　　巻7＝8号（2002年）124頁以下
・島田聡一郎　「広義の共犯成立の限界」島田聡一郎『正犯・共犯論の基礎理論』
　　　　　　（2002年）359頁以下
・内田幸隆　「背任罪と横領罪との関係」早稲田大学・早稲田法学会誌52巻（2002
　　　　　　年）49頁以下
・島田聡一郎　『正犯・共犯論の基礎理論』（2002年）359頁以下
・前田雅英　「商法486条と共同正犯」東京都立大学・法学会雑誌44巻2号（2004
　　　　　　年）27頁以下
・照沼亮介　「不正融資と特別背任罪の共犯」伊東研祐編著『はじめての刑法』
　　　　　　（2004年）123頁以下
・曲田　統　「日常的行為と従犯──ドイツにおける議論を素材にして──」中央
　　　　　　大学・法學新報111巻3＝4号（2004年）141頁以下
・曲田　統　「わいせつ物を購入する行為の可罰性について」現代刑事法58号（2004
　　　　　　年）92頁以下
・林　幹人　「背任罪の共同正犯──共犯構成要件について」判時1854号（2004年）
　　　　　　3頁以下
・伊東研祐　「特別背任罪における正犯性──非身分者による共犯の成否──」『板
　　　　　　倉宏博士古稀祝賀論文・現代社会型犯罪の諸問題』（2004年）275頁以下
・曲田　統　「日常的行為と従犯──ドイツにおける議論を素材にして──」中央
　　　　　　大学・法學新報111巻3=4号（2004年）141頁以下

176 　参考文献一覧

- 平山幹子 「義務犯について」平山幹子『不作為犯と正犯原理』（2005年）115頁以下
- 塩見 　淳 「背任罪」ジュリスト1292号（2005年）47頁以下
- 芝原邦爾 『経済刑法研究』（2005年）356頁以下
- 香城敏麿 『刑法と行政刑法』（2005年）435頁以下、447頁以下
- 関 　哲夫 「不正融資おける借手の刑事責任（背任罪・特別背任罪）に関する学説の検討」國士舘大学・國士舘法學38号（2006年）258頁以下
- 関 　哲夫 「不正融資における借手の刑事責任（背任罪・特別背任罪)」刑法雑誌45巻3号（2006年）548頁以下
- 内田幸隆 「背任罪の共犯──不良融資における借手の刑事責任──」早稲田大学・季刊企業と法創造2巻1号（2006年）27頁以下
- 川崎友巳 「特別背任罪の共同正犯」同志社大学・同志社法学57巻6号（2006年）413頁以下
- 横瀬浩司 「不正融資の借り手側の刑事責任」中京大学大学院生法学研究論集26号（2006年）59頁以下
- 伊東研祐 「共犯論（その3） 共同正犯に関する諸問題・必要的共犯」法学セミナー52巻5号（2007年）96頁以下
- 上田正和 「対向的取引と特別背任罪の共犯」大宮法科大学院大学・大宮ローレビュー3号（2007年）5頁以下
- 島田聡一郎 「取引の相手方による背任行為への加功──銀行取引を中心に──」上智大学・上智法學論集50巻3号（2007年）19頁以下
- 佐伯仁志 「民法と他領域⑶刑法」『民法の争点』（2007年）12頁以下
- 島田聡一郎 「対向的取引行為と背任罪の共同正犯」山口厚編著『クローズアップ刑法各論』（2007年）311頁以下
- 只木誠＝高橋直哉 「会社法の罰則来て御 特別背任罪」ビジネス法務8巻11号（2008年）125頁以下
- 横瀬浩司 「背任罪の問題点」愛知産業大学紀要16号（2008年）53頁以下
- 外木央晃 「必要的共犯の構造」明治大学・法学研究論集30号（2009年）45頁以下
- 豊田兼彦 『共犯の処罰根拠と客観的帰属』（2009年）33頁以下、150頁以下、180頁以下
- 品田智史 「背任罪における任務違背（背任行為）に関する一考察⑴（2・完）」大阪大学・阪大法学59巻1号（2009年）101頁以下、2号（2009年）41頁以下
- 西田典之 「必要的共犯」西田典之『共犯理論の展開』（2010年）227頁以下
- 高山佳奈子 「金融機関形成者の刑事責任──特別背任罪を中心に」金融法務事

情1911号（2010年）16頁以下

・垣口克彦　「不正融資と特別背任罪」阪南大学・阪南論集 社会科学編44巻2号（2009年）117頁以下

・品田智史　「経済活動における刑事規制」法律時報82巻9号（2010年）26頁以下

・弥永真生　「取締役の刑事責任をめぐる3つの裁判例——会社法の観点から」法律時報82巻9号（2010年）31頁以下

・島田聡一郎　「背任罪に関する近似の判例と、学説に課された役割」ジュリスト1408号（2010年）114頁以下

・山口厚ほか　「座談会・現代刑事法研究会(6) 背任罪」ジュリスト1408号（2010年）125頁以下

・林　幹人　「背任罪における任務違背行為」判時2098号（2011年）10頁以下

・品田智史　「不正融資に対する刑事責任」大阪大学・阪大法学61巻3=4号（2011年）231頁以下

・島田聡一郎　「背任罪における任務違背行為」『植村立郎判事退官記念論文集第1巻第1編 理論編・少年法編』（2011年）237頁以下

・佐久間修　「刑法からみた企業法務・第3回　会社法上の犯罪(2) 特別背任罪」ビジネス法務11巻3号（2011年）102頁以下

・佐伯仁志　「刑法各論の考え方・楽しみ方」法学教室378号（2012年）102頁以下

・品田智史　「最近の裁判例に見る背任罪をめぐる諸問題」刑事法ジャーナル31号（2012年）23頁以下

・品田智史　「背任罪における財産上の損害要件について(1)」大阪大学・阪大法学61巻6号（2012年）79頁以下

・齋藤正和　『新出資法』（2012年）28頁以下、115頁以下

・松井秀征　「会社経営の規律の重層化と刑事罰の規律の意義：特別背任罪と図利目的なき経営判断の刑事責任：会社法からの分析」法律時報84巻11号（2012年）44頁以下

・伊東研祐　「会社経営の規律の重層化と刑事罰の規律の意義：特別背任罪と図利目的なき経営判断の刑事責任：刑事法からの分析」法律時報84巻11号（2012年）51頁以下

・神山敏雄ほか編著　『新経済刑法入門』（第2版・2013年）168頁以下〔松宮孝明〕

・品田智史　「不正融資と背任罪」法学教室393号（2013年）75頁以下

・菅沼真也子　「ドイツ判例に見る背任罪の故意」中央大学・比較法雑誌46巻4号（2013年）283頁以下

・渡辺咲子　「横領罪と背任罪（その1・その2）」警察公論69巻5号（2014年）79頁以下、6号（2014年）110頁以下

事項索引

あ行

石川銀行事件 ……………………… 22, 45, 53
イトマン・マスコミ対策関連融資特別背
　任事件 ……………………… 12, 39, 52
イトマン絵画取引事件 ………… 29, 48, 55
違法性の欠如 …………………… 83, 125
違法性の断絶 …… 126, 137, 148, 151, 158
違法性の低減 …………………… 147, 148
違法身分・責任身分説 ………………… 2
隠蔽工作 …………………………… 23, 45
隠蔽工作型 …………………… 8, 23, 45, 54
浮貸しの罪 …………………… 127, 128, 134

か行

加害性の認識 ……………………………… 35
確定的な認識 …………………… 36, 51, 57
各論的アプローチ ………………… 60, 95
各論の解釈 ……………………………… 112
加減身分 …………………………… 2, 40
加減身分犯 ……………………………… 40
貸付事務処理者 ………… 139, 142, 155, 158
可罰性欠如類型 ………………………… 107
可罰性の欠如 …………………………… 107
蓋然性の認識 …………………………… 74
外部的信任関係 ………………………… 146
関与行為の通常性 ……………………… 150
関与行為の定型性 ……………………… 150
期待可能性 ……………………………… 126
　　──低減類型 ………………… 107, 108
　　──の低減 … 107, 108, 126, 149, 151, 158
期待不可能性 …………………………… 109
期待不可能類型 ………………………… 109
規範違反性の欠如 ………………………… 83
規範評価 …………………………… 143, 144
規範評価の断絶 ………………………… 145
共同加功認識限定説 ……………… 81, 93
共同加功の認識 …………………………… 81
共同正犯 ………………… 77, 98, 151, 157

　　──・共犯と身分 ………… 61, 62, 93
　　──・共犯の故意 …………………… 74
　　──要件説 …………………… 77, 91
　　──類型説 …………………… 70, 72
共犯成立・科刑説 ………………………… 2
共謀共同正犯 …………… 98, 124, 158
義務 …………………………… 65, 67, 90
義務の一身専属性 ………………………… 84
義務犯 ………………………… 65, 67, 90
義務犯論 …………………………… 67, 90
具体的指示型 ………………… 8, 22, 45, 53
形式・実質多元説 ……………… 107, 110
形式的一元説 …………………… 105, 110
形式的対向犯 …………………… 101, 115
形式的否定説 …………………… 62, 83, 93
刑法65条 …… 2, 24, 37, 40, 41, 45, 46, 61, 66
故意限定説 …………………… 74, 87, 94
故意の限定 …………………………… 74, 87
構成身分 …………………………… 2, 10, 40
構成身分犯 … 2, 10, 37, 40, 45, 46, 51, 61, 66
　　──・加減身分犯説 ………………… 2
高度な故意 ………………………………… 75
高度な認識 …………………………… 43, 75
混合惹起説 …………………………… 149

さ行

債務不履行 ……………………………… 140
佐川急便平和堂関係事件 ………… 34, 50, 56
詐欺罪 …………………………………… 116
財産上の損害 ……………………………… 49
罪名・科刑一致説 ………………… 2, 41
罪名・科刑分離説 ………………… 2, 40
指導的役割 …………………… 69, 70, 74, 85
支配的影響力 ……………………………… 43
社会通念上許容されない方法 ……… 43, 53
社会通念上許容される範囲 ……………… 42
集団犯 …………………………………… 146
収賄罪 …………………………………… 153
主観限定説 …………………… 79, 82, 92, 95

事項索引　179

主観重視類型 ……… 9, 30, 48, 55, 57
主観の限定 …………… 79, 82, 92
主観の重視 …………… 48, 55, 57
主体の関与 ………… 69, 70, 74, 85
主体の関与説 ………………… 69, 70
出資法 ………………… 127, 134
信任関係 ……………… 141, 151
信用保証協会 ………………… 19, 44
JHL 特別背任事件 ……… 17, 42, 53
JHL 不正融資 - オクト社事件 … 17, 28, 42, 47, 52, 55
JHL 不正融資 - 高峰リゾート開発事件
　………………………… 15, 41, 53
自己侵害 ………………… 108, 109
自己侵害構成要件欠如類型 ………… 108
自己の犯罪 …………… 72, 74, 121, 157
事実上の対向犯 ………………… 3, 59
事実的対向犯 … 59, 100, 103, 111, 116, 118, 120, 127, 129, 131, 136, 152, 155, 156, 159
事実的対向犯説 ………… 3, 100, 120
事実評価 ……………… 143, 144
実行行為性 ……………… 63, 66
実質支配類型 ……… 8, 11, 39, 52, 57
実質的視点 ……………… 111, 115
実質的支配 ……………… 39, 52, 57
実質的対向犯 … 101, 115, 129, 153, 155, 156, 159
実質的多元説 ………… 106, 110, 112
事務処理者 …… 44, 47, 76, 90, 123, 125, 138, 142, 144, 146, 155, 158
重婚罪 ………………… 133, 153
重要な役割 ……………… 69, 71, 85
重要役割説 ……………… 69, 71
自律性 ………………… 76, 89, 95
自律性侵害説 ……………… 76, 89, 95
自律的な判断 ……………… 71, 76, 90
正当化事由 ……………………… 117
正犯性 …… 64, 66, 70, 72, 74, 86, 94
　──欠如説 ……………… 64, 66, 83
　──限定説 ……… 69, 73, 85, 94
　──の欠如 ……………… 64, 66
　──の限定 ……………… 69, 73
積極的関与 ……………………… 78

積極的造意者 ………………… 106
積極的働きかけ … 13, 17, 23, 45, 46, 53, 57, 72, 106
　──類型 ……… 8, 22, 45, 53, 57
相異刑対向犯 ………………… 104, 153
総合積極的働きかけ型 … 9, 25, 46, 54
相面的対向犯 ………………… 104
総論的アプローチ ……………… 60, 93
総論の解釈 ……………………… 112
組織の財産運用 ………………… 141
贈収賄罪 ………………………… 133

た行

対向関係 …… 44, 98, 118, 124, 128, 137-140, 155
対向的信任関係 …… 4, 59, 98, 122, 142, 157
対向的取引関係 …… 58, 76, 90, 121, 128, 137, 156
対向的利害関係 …… 58, 76, 90, 97, 125, 138
対向犯 …… 100, 104, 115-118, 131, 132, 135, 152
対内的信任関係 …… 98, 128, 145, 156
拓殖銀行特別背任事件 …… 21, 36, 44, 51, 52, 56
立場の互換性・一体性 ……………… 124
第一勧業銀行不正融資事件 …… 11, 39, 52
第一相互銀行事件 ……………… 31, 49, 55
代位弁済 …………………………… 21
代理権の濫用 …………………… 81
千葉銀行特別背任事件 …… 30, 48, 55, 121
通常の関与形態 …………… 64, 119, 150
通常の犯罪形態 …………… 64, 119
通常の融資取引 …………… 26, 71, 87, 91
手形保証 ………………………… 25, 33
東京佐川急便暴力団関係事件 … 33, 50, 56
特別背任罪 ………………………… 1, 40
　──の共同正犯・共犯 … 1, 4, 7, 9, 13, 14, 16, 18, 21, 23, 29, 32, 34, 61, 77, 125, 152
取引型行為類型 ………………… 109
取引型の犯罪 …………………… 109
取引の自由と安全 ………………… 58
同一刑対向犯 …………………… 104
図利・加害目的 ……… 28, 35, 41, 78, 91, 92

な行

内部者 ·················· 26, 46, 54, 56, 88
内部者類型 ················· 9, 26, 46, 54, 56
内部的信任関係 ········ 22, 41, 46, 51, 57, 121,
141, 146, 157
内部的対向関係 ························ 139, 146
日常的な取引 ···························· 68, 91
任務違背行為 ····· 97, 123, 128, 142, 145, 146,
158
任務違背性 ····················· 142, 145, 146
任務違背認識限定説 ·················· 79, 92
任務違背の認識 ···· 31, 35, 36, 48, 55, 78, 79,
82, 91, 92

は行

背信的悪意者 ······························ 49
背任罪 ······································ 1
　──の共同正犯・共犯 ··· 1, 3, 7, 9, 11, 20,
24, 26, 28, 33, 77, 152
犯罪の通常性 ···························· 110
犯罪の定型性 ························ 106, 110
犯人蔵匿・証拠隠滅罪 ·················· 109
被害者 ················· 106, 108, 116, 118, 137
　──・保護対象類型 ················ 106, 108
比較衡量 ······························ 69, 85
非限定説 ··························· 61, 83, 93
非限定類型 ···················· 8, 9, 37, 51
必要的共犯 ······ 100, 112, 116, 132, 135, 152
非弁活動 ································ 133
富士銀行背任事件 ················· 25, 46, 54
不正融資 ····· 1, 7, 58, 97, 115, 120, 124, 131,
143, 155
片面的対向犯 ········ 59, 63, 90, 104, 105, 112,
117-119, 129, 131, 136, 148, 150, 152, 155,
156
弁護士法72条 ·························· 133

ま行

三越事件 ························· 13, 40, 52
未必的認識 ···························· 36, 56
身分一身性説 ···················· 65, 67, 84
身分の一身性 ···················· 65, 67, 84
身分犯に対する共同正犯・共犯 ············ 3
明確な認識 ······························ 51

や行

有責性の低減 ························ 147, 148
許された危険 ························· 68, 85
許された危険法理説 ··············· 68, 85, 93

ら行

利害共通類型 ················· 9, 28, 47, 54, 56
利害の共通 ············· 47, 55, 56, 72, 146
利害の対向 ········ 97, 118, 120, 125, 131, 148,
151, 157
利害の対立 ········ 97, 118, 120, 125, 131, 148,
151, 157
立法者意思 ············ 105, 108, 110, 115, 132
立法者意思説 ····················· 105, 109
立法者意思類型 ························ 108
リベート指嗾 ···························· 46
リベート指嗾型 ···················· 8, 24, 46, 54
類型性欠如説 ····················· 63, 66, 83
類型性の欠如 ····················· 63, 66, 83

わ行

猥褻物販売罪 ···················· 109, 117, 136
猥褻物頒布罪 ··· 109, 117, 130, 132, 133, 136
賄賂罪 ································ 153

著者略歴

関　哲夫（せき　てつお）

　　　　新潟県に生まれる
　　　　早稲田大学法学部卒業
　　　　その後，同大学大学院法学研究科
　　　　博士前期課程・後期課程修了
現　在　國學院大學法学部教授
法学博士（早稲田大学），弁護士

主要著書

住居侵入罪の研究（1995 年，成文堂）
続・住居侵入罪の研究（2001 年，成文堂）
続々・住居侵入罪の研究（2012 年，成文堂）
刑法解釈の研究（2006 年，成文堂）
入門少年法（2013 年，学事出版）
講義 刑法総論（2015 年，成文堂）
講義 刑法各論（2017 年，成文堂）

不正融資における借手の刑事責任
──事実的対向犯説の提唱──

2018 年 2 月 20 日　初版第 1 刷発行

著　者　関　　　哲　夫
発 行 者　阿　部　成　一

〒162-0041　東京都新宿区早稲田鶴巻町 514 番地
発 行 所　株式会社　成 文 堂
電話 03(3203)9201(代)　Fax (3203)9206
http://www.seibundoh.co.jp

製版・印刷　藤原印刷　　　　　　　製本　弘仲製本
☆落丁・乱丁本はおとりかえいたします☆　検印省略
Ⓒ 2018 T. Seki　　　　　Printed in Japan
ISBN 978-4-7923-5233-2　C3032

定価（本体 4,500 円 + 税）